Brainteaser

Spielerisch zum **Super-IQ**

Dr. Reinhard Pietsch | Prof. Dr. Jens Holger Lorenz

INHALT

Mittelschwere bis schwere Aufgaben 63

Der große Schlusstest 97

Lösungen, Auswertung und Kopiervorlagen 143

VORWORT

Es wiegt zwischen 1.000 und 1.500 Gramm, ein unscheinbares, grau-weißes Gebilde, kaum größer als zwei Fäuste, bestehend aus etwa 15 Milliarden Zellen, mit einer Oberfläche von rund 2.200 Quadratzentimetern und einem feinen Fasergeflecht in seinem Inneren von 500 000 Kilometern Länge: unser Gehirn. Als Produkt von Millionen Jahren der Evolution stellt es eines der kompliziertesten Gebilde dar, die wir kennen – unendlich viel komplexer als jeder noch so leistungsfähige Computer. Es steuert nicht nur alle unsere Lebensvorgänge, sondern es ist zugleich der Ort, an dem das größte aller Abenteuer stattfindet: das Abenteuer des Denkens.

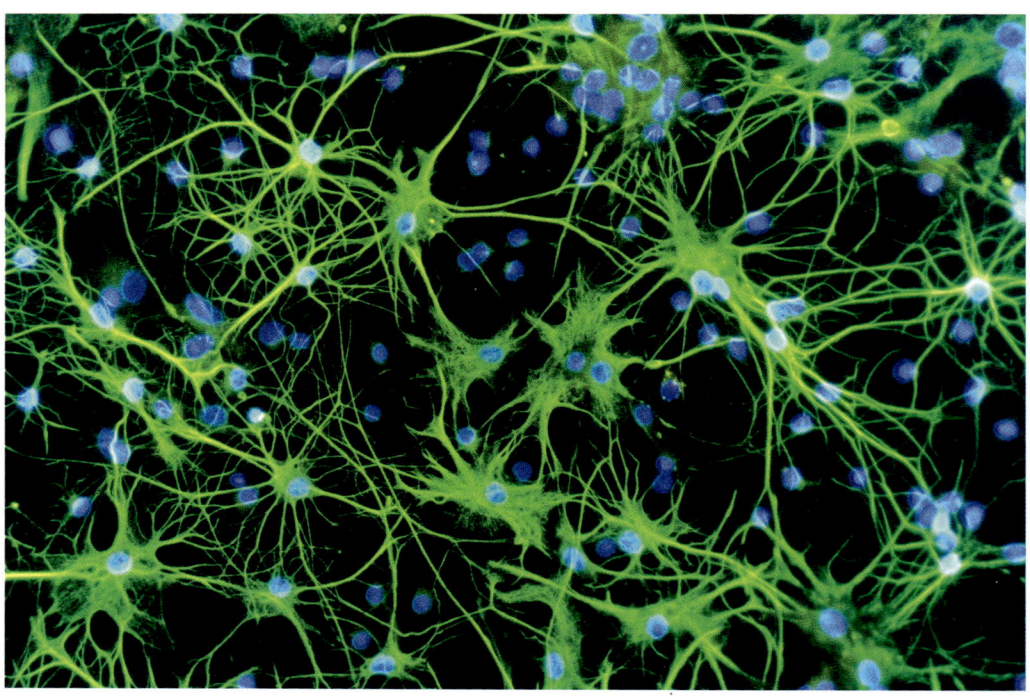

Im Gehirn werden Erfahrungen verarbeitet. Hier findet das Lernen statt, und zwar zeitlebens. Dafür sorgt eine grundlegende Eigenschaft unserer grauen Zellen, die wir neuronale Plastizität nennen. Sie gibt uns die Fähigkeit, uns in neuen Situationen zurechtzufinden. Wie schnell und erfolgreich wir dabei sind, hängt offenbar von unserer Intelligenz ab. Gemessen wird diese geistige Dimension mithilfe von Intelligenztests, die als Ergebnis den Zahlenwert des Intelligenzquotienten (IQ) liefern. Lange glaubte man, dass Intelligenz jedem von uns als unveränderliche Größe mitgegeben ist. Doch heute weiß man, dass sie trainiert und verbessert werden kann. Ein Weg besteht darin, dass man die gängigen Aufgabentypen übt und dann in den üblichen Intelligenztests um etliche Punkte besser abschneidet – Punkte, nicht selten entscheidend sind. Mit über 230 Aufgaben im Buch und weiteren 160 auf der beiliegenden CD-ROM finden Sie hier bestes Übungsmaterial.

Wir haben das Buch Brainteaser genannt, weil es nicht nur um mögliche bessere Testergebnisse geht, sondern um die Freude am Denken, den Spaß am Knobeln, am Lösen von Denkaufgaben. Und diesen Spaß wünschen wir Ihnen beim Lesen und Brüten über den Kopfnüssen, die wir für Sie zusammengestellt haben.

Reinhard Pietsch   Jens Holger Lorenz

WAS IST INTELLIGENZ?

Eine Einführung

Zu einer Persönlichkeit gehört viel mehr als nur Intelligenz, und Intelligenz ist gewiss keine Garantie für ein gelungenes Leben. Doch sie ist einer der Faktoren, die für den Erfolg in Schule und Beruf entscheidend sind.

In diesem Kapitel lesen Sie, woher der Begriff Intelligenz stammt und wie sich seine Bedeutung bis zur Gegenwart entwickelt hat. Vor allem aber erfahren Sie hier, wie Sie Ihr intellektuelles Potential ausschöpfen und verbessern können.

Intelligenz ist die Fähigkeit, mit der Kehrseite des Wissens
umzugehen, also mit dem Nichtwissen.
David Seidl (Lehrstuhl für Organisation und Management, Universität Zürich)

Der Begriff Intelligenz

Intelligenz zählt zu den zentralen Begriffen unserer Kultur. Kaum etwas wird so hoch
geschätzt, und kaum etwas erscheint uns als so erstrebenswert wie eine hohe Intelligenz. Die großen Denker und Wissenschaftler kommen uns bei diesem Begriff in den
Sinn; Genies wie Albert Einstein sind unsere Idole. Dabei ist Intelligenz etwas, das wir
alle haben, und etwas, das wir pflegen und fördern können.

Ein verbreitetes Spielzeug für Dreijährige ist ein Holzkasten mit verschieden geformten
Öffnungen; dazu farbige Klötzchen – drei- und viereckige, runde, dicke und dünne. Das
Kind soll sie in die passenden Aussparungen stecken – eine erste Aufgabe, die Intelligenz verlangt. Wenn das Kind alle Löcher mit den passenden Teilen bestückt, gilt es
zumindest als normal intelligent, und die Eltern sind beruhigt. Stellen Sie sich nun vor,
das vielleicht bereits gelangweilte Kind nimmt einen Holzhammer und versucht, ein
Klötzchen durch ein Loch zu treiben, durch das es nicht passt … Das Beispiel illustriert die
Vieldeutigkeit des Intelligenzbegriffs. Er schwankt zwischen dem intuitiven Erkennen klar
definierter Vorgaben – der ausgeschnittenen Öffnungen und der dazu passenden Klötze
– und deren mechanischem Erfüllen einerseits und dem kreativen, wenn auch vielleicht
irritierenden Umgang mit der Situation jenseits der trivialen Aufgabe andererseits.

Ein umstrittenes Wort wird geboren

Was ist Intelligenz? Die lateinische Herkunft des Worts bringt uns auf die Spur: »Intelli-
gentia« heißt »Verstehen« und ist von dem Verb »intellegere« abgeleitet. Dieses setzt
sich zusammen aus »inter« für »zwischen« und »legere« für »wählen, sammeln, lesen«.
»Lesen« steht universell sowohl für »einen Text lesen« als auch für »Früchte z. B. vom
Boden auflesen« oder »verlesen« wie in dem Wort »Weinlese«. Interessant wird das Wort
durch das vorangestellte »inter«, die Präposition, mit der auch dieser Satz begonnen hat:
»Inter-esse« heißt wörtlich »Dazwischensein«. Intelligenz bedeutet also mehr als nur ein
Auflesen, ob dinglich oder im übertragenen Sinne. Es geht vielmehr darum, was unsicht-
bar zwischen dem Aufgelesenen steckt, um die Bezüge, die Zusammenhänge, die vielleicht ein logisches Muster ergeben oder auf einer Regel beruhen. Wer solche Beziehungen erkennt, der liest zwischen den Zeilen, der verfügt über Intelligenz, über Verstehen

➡ SO VERSCHIEDEN DEFINIERTEN FORSCHER DIE INTELLIGENZ

Alfred Binet & Théodore Simon (1905): Intelligenz bedeutet »gut urteilen, gut verstehen, gut denken«.

David Wechsler (1944): »Intelligenz ist die zusammengesetzte oder globale Fähigkeit des Individuums, zweckvoll zu handeln, vernünftig zu denken und sich mit seiner Umgebung wirkungsvoll auseinanderzusetzen.«

William Stern (1950): »Intelligenz ist die personale Fähigkeit des Individuums, sein Denken bewusst auf neue Forderungen einzustellen; sie ist die allgemeine geistige Anpassungsfähigkeit an neue Aufgaben und Bedingungen des Lebens.«

Aloys Wenzl (1957): »Intelligenz ist die Fähigkeit des Individuums, anschaulich oder abstrakt in sprachlichen, numerischen oder raum-zeitlichen Beziehungen zu denken; sie ermöglicht erfolgreiche Bewältigung vieler komplexer und mit Hilfe jeweils besonderer Fähigkeitsgruppen auch ganz spezifischer Situationen und Aufgaben.«

F. R. Hofstätter (1957): »Intelligenz ist die Fähigkeit zur Auffindung von Ordnungen (Redundanz) in der Welt«, und sie ist »das Ensemble von Fähigkeiten, das den innerhalb einer bestimmten Kultur Erfolgreichen gemeinsam ist.«

Jens Asendorpf (2004): »Intelligenz ist, was Intelligenztests messen, die so konstruiert wurden, dass sie das Bildungsniveau möglichst gut vorhersagen, oder kurz: Intelligenztests messsen die Befähigung zu hoher Bildung.«

oder Verständnis. Dies ist die grundsätzliche Eigenschaft, die den Menschen vom Tier unterscheidet – so zumindest in unserer Selbsteinschätzung. Die jüngere Forschung erkennt allerdings bei immer mehr Tierarten Ansätze von Intelligenz.

Über Frankreich und England gelangte das Wort Intelligenz nach Deutschland. Als Teil eines zusammengesetzten Worts war es hier im 18. Jahrhundert recht häufig: Damals gab es die so genannten »Intelligenzblätter«, die Vorläufer unserer amtlichen Nachrichten- und Anzeigenblätter. Neben offiziellen Bekanntmachungen etwa von Gerichtsterminen oder Konkursen wurden darin auch Werbung und private Informationen wie Familienanzeigen veröffentlicht. »Intelligenz« bedeutete hier soviel wie »Nachricht«. Diese Bedeutung tritt in der deutschen Verwendung später in den Hintergrund, hat sich aber im Französischen und vor allem im Englischen erhalten, wenn auch mit einer interessanten Wendung: Intelligence hat hier zusätzlich die Bedeutung von »geheimdienstlicher Information« – James Bond lässt grüßen. CIA heißt bekanntlich ausgeschrieben »Central Intelligence Agency«, und der Agent 007 arbeitet für eine Abteilung des britischen Pendants, den Nachrichtendienst MI6 – »Military Intelligence, Section 6«.

Die Psychologie entdeckt die Intelligenz

Im Deutschen war »Intelligenz« noch um 1800 ein entlegenes Fremdwort. Die heutige Bedeutung »kognitive Leistungsfähigkeit« ist geprägt von der Psychologie. Erst seit etwas über 100 Jahren hat sich diese Wissenschaft, die selbst kaum älter ist, näher mit dem Begriff beschäftigt. Damit begann die Erforschung eines der am intensivsten untersuchten psychologischen Persönlichkeitsmerkmale. Natürlich kam dieses neue Interesse nicht aus dem Nichts. Die Wurzeln reichen bis in die antike Philosophie von Platon und Aristoteles zurück. Im 19. Jahrhundert ist einer der wesentlichen Faktoren die Forschung Darwins, die den Menschen in die allgemeine Entwicklung der Arten eingereiht und damit seiner »gottgegebenen« Sonderstellung beraubt hat. Spätestens damit begann die wissenschaftliche Vermessung des Menschen, die zuerst die Physis betrachtete und sich ab der Mitte des Jahrhunderts auch der Psyche und dem Intellekt zuwandte.

Um 1900 war der Fachbegriff »Intelligenz« mit den ersten Messversuchen aus der Taufe gehoben. Die Schlüsselfiguren der neuen Sozialwissenschaft Psychologie hießen Alfred Binet (1857–1911) in Frankreich und Charles Spearman (1863–1945) in England. Binet sollte Kinder testen und herausfinden, welche minderbegabt waren und besonders gefördert werden sollten. Um die Leistungsfähigkeit dieser Kinder je nach Alter zu beurteilen, schuf er spezielle, dem durchschnittlichen Leistungsstand von Kindern einer Altersstufe angepasste Testreihen. Von ihm stammt der Begriff »Intelligenzalter«. Binet begründete zusammen mit dem Psychologen Théodore Simon (1872–1961) die Theorie und Methode der Psychometrie, des psychologischen Messens. Noch war keine Rede von einer Maßzahl für die Intelligenz.

Etwa zur selben Zeit war der Brite Charles Spearman (1863–1945) der erste, der aus der Ähnlichkeit der Ergebnisse verschiedener Tests bei einer Testperson auf eine gemeinsame Größe schloss, die er »g-Faktor« nannte (»general intelligence«). Die Testergebnisse korrelierten unterschiedlich stark miteinander, weshalb er einen zweiten, jeweils testspezifischen »s-Faktor« einführte. In seiner Theorie spielt »g« in allen Tests eine Rolle, jede Testleistung unterliege aber zugleich dem s-Faktor, etwa Wissen oder Fertigkeiten wie Sprache, Rechnen oder Bilderkennen. Je allgemeiner eine Aufgabe sei, je mehr sie also nur generelle Denkprozesse wie das Erkennen von Relationen erfordere, desto höher seien die g-Anteile am Lösungsprozess. Mit dieser neuartigen »Faktorenanalyse« wurde der Begriff Intelligenz eingekreist, ohne dass er definiert werden musste. Dahinter verbirgt sich eine komplizierte statistische Methode, die bis heute in den Sozialwissenschaften eine große Rolle spielt und in der Spearman Pionierarbeit geleistet hat. Da es aber im Prinzip so viele s-Faktoren wie einzelne Tests gab, erwies sich der Ansatz als unpraktikabel. Spearmans Verdienst ist es jedoch, den Faktor »g« in die Diskussion eingebracht zu haben – eine Modellvorstellung, an der sich die Geister bis heute scheiden.

Intelligenz als messbare Größe

Im Anschluss an Binet prägte 1912 der deutsch-amerikanische Psychologe William Stern (1871–1938) den Begriff »Intelligenzquotient«, den er tatsächlich als Quotienten berechnete: Stern schlug vor, Binets Intelligenzalter durch das Lebensalter der Testperson zu dividieren und den Wert mit 100 zu multiplizieren. Damit war er in der Welt, der IQ. Wenn ein fünf Jahre altes Kind die Aufgaben lösen kann, die typischerweise ein siebenjähriges bewältigt, dann hat es nach dieser Formel einen IQ von $(7 \div 5) \times 100$, also 140, und ist mithin ein kleines Genie. Sterns Formel war sehr grob und ließ sich nicht auf Erwachsene anwenden. Denn da der Abstand zwischen einem angenommenen Intelligenzalter

und dem Lebensalter zwangsläufig immer geringer wird, hätte eine IQ-Berechnung nach diesem Muster ja bedeutet, dass die Menschen je älter, desto dümmer werden – ein böser Scherz. Man kann sich dies leicht klarmachen: Angenommen, ein 25-jähriger hätte das Intelligenzalter eines 27-jährigen, dann ergäbe das nach der Formel einen IQ von 108. Ein direkt mit dem Lebensalter verknüpfter Quotient ist ab einem gewissen Alter unsinnig. Ein Abstand von zwei Jahren mag bei einem Kleinkind bedeutsam sein, bei Erwachsenen spielt er keine Rolle mehr. 25- und 27-Jährige nach ihrem Alter verschieden zu bewerten, hat keinen Sinn. Die Intelligenz kann nach dem 20. Lebensjahr zwar noch wachsen, dies geschieht aber deutlich

Die intellektuelle Leistungsfähigkeit vergleicht man nur innerhalb der jeweiligen Altersgruppe.

langsamer als in der Kindheit und Jugend. Die Annahme, dass die Intelligenz stets gleichmäßig zunähme, ist grundlegend falsch. Was sich seit Anbeginn andeutet, gilt bis heute: Den IQ als eindeutige Zahl, so zweifelsfrei messbar wie die Körpergröße, gibt es nicht. Eine zweite Einsicht ist ebenfalls nach wie vor unbestritten: Die Intelligenz ist keine Konstante im Leben eines Menschen.

In der Praxis wird die Intelligenzverteilung heute für alle Altersstufen separat ermittelt und der Durchschnittswert jeweils auf 100 gesetzt. So lässt sich der IQ altersunabhängig, also unabhängig von der vorangegangenen und der nachfolgenden Entwicklung ermitteln. Das ermöglicht prozentuale Aussagen und Vergleiche. Beispielsweise lässt sich am Ergebnis ablesen, wie groß der Prozentsatz derjenigen in der jeweiligen Altersgruppe ist, die gleich gut oder schlechter abgeschnitten haben. Mehr über diese Art der Berechnung und die statistischen Zusammenhänge finden Sie ab Seite 20.

Fluide und kristalline Intelligenz

Der amerikanische Psychologe Louis Leon Thurstone (1887–1955) nutzte die von Spearman eingeführte Faktorenanalyse und fächerte den Begriff der Intelligenz weiter auf. Er übernahm den allgemeinen Faktor »g«, der sich aber in seinem Modell aus sieben – in manchen Publikationen sogar neun – voneinander mehr oder weniger unabhängigen Primärfaktoren zusammensetzt. Zu diesen Primärfaktoren zählt er schlussfolgerndes Denken, Rechenfähigkeit, räumliche Wahrnehmungsfähigkeit, verbales Verständnis – um nur einige Beispiele zu nennen. Das »g« als »generelle kognitive Fähigkeit« tritt dabei zugunsten dieser Primärfaktoren immer mehr in den Hintergrund.

Anknüpfend an Spearman entwickelte dessen einstiger Assistent Raymond Bernhard Cattell (1905–1998) das Modell mit dem geheimnisvollen »g« weiter, indem er eine fluide, also flüssige – abgekürzt g_f – von einer kristallinen Intelligenz – g_c – unterschied. In seinem Modell sind diesen Hauptfaktoren dann weitere Primärfaktoren – ähnlich denen von Thurstone – untergeordnet. Dieses Modell hat bis heute die weiteste Verbreitung gefunden und ist Grundlage vieler Verfeinerungen und Weiterentwicklungen.

Was versteht nun Cattell unter diesen beiden übergeordneten Faktoren? Die fluide Intelligenz beschreibt die Fähigkeit, sich ohne Vorwissen flexibel auf neue Situationen einzustellen und bislang unbekannte Probleme zu lösen. Zu diesem Intelligenzfaktor gehört also die Fähigkeit, Muster zu erkennen, Bedeutung und Strukturen in auf den ersten Blick scheinbar chaotischen Konstellationen zu finden, Schlussfolgerungen zu ziehen und Bezüge zwischen Bildern oder Begriffen herzustellen, ohne dass dafür erlerntes Wissen erforderlich wäre. Dagegen ist die kristalline Intelligenz die Fähigkeit, erworbenes Wissen einzusetzen, zum Beispiel die theoretischen Kenntnisse und praktischen Fertigkeiten, die zu einem erlernten Beruf gehören. Zur kristallinen Intelligenz gehört also all das, was

➡ FLUIDE INTELLIGENZ ANGEBOREN – KRISTALLINE ERLERNT

R. B. Cattell unterschied 1971 die beiden Intelligenzfaktoren fluide und kristalline Intelligenz. Die fluide Komponente bezeichnet die Grundfähigkeit des Denkens, die allgemeine hirnphysiologische Effizienz, die als weitgehend angeboren gilt. Gemeint ist damit die Fähigkeit, »sich auf neue Probleme und Situationen einzustellen, ohne dass es dazu umfangreicher früherer Lernerfahrungen bedarf« (David G. Myers). Nach Cattell ist dieser Intelligenzfaktor kulturübergreifend. Die kristalline Intelligenz ist hingegen stark von der jeweiligen Kultur und dem von ihr vermittelten »Weltwissen« geprägt, denn sie besteht aus den erlernten kognitiven Fähigkeiten, die auf erworbenem Wissen basieren.

man in der Schule lernt. Sie ist allerdings nicht gleichzusetzen mit dem Gedächtnis oder dem Wissen, auch wenn sie auf beides natürlich zurückgreift. Kristallin ist keineswegs so zu verstehen, dass sich hier die fluide Intelligenz etwa »verfestigen« würde.

Die beiden Faktoren g_f und g_c sind miteinander verknüpft. Cattell geht davon aus, dass g_f die Voraussetzung für g_c bildet. Er nennt dies Investment-Theorie. Dahinter steckt der so genannte Matthäus-Effekt. Dieser gilt als ein Grundgesetz der handlungsbezogenen Soziologie und wirkt auch in die Psychologie hinein. Der Effekt ist benannt nach dem Bibelvers Matthäus 13,12: »Denn wer da hat, dem wird gegeben, dass er die Fülle habe; wer aber nicht hat, von dem wird auch das genommen, was er hat.« Diese nicht sehr christlich wirkende Erkenntnis besagt nüchtern, was wir im Alltag laufend feststellen: »Wer hat, dem wird gegeben«. Für das Lernen ist damit nichts anderes gemeint, als dass derjenige, der mit einer guten fluiden Intelligenz ausgestattet ist, normalerweise auch ein hohes Niveau im Bereich der kristallinen Intelligenz erreicht, während derjenige, der hier wenig aufzubieten hat, im Endeffekt sogar noch diese Basis zu verlieren droht. Das Zusammenspiel beider Faktoren wirkt im günstigen Fall wie ein sich selbst verstärkender Aufwind, im ungünstigen wie eine abgehende Lawine. In der Praxis bedeutet dies, dass den intelligenteren Schülern im pädagogischen Umfeld automatisch mehr Aufmerksamkeit zuteil wird und diese deshalb mehr lernen, während umgekehrt schwächere Schüler häufig vernachlässigt werden. Am Ende steht nichts anderes als der Lern-, Berufs- und Lebenserfolg überhaupt, den viele Psychologen eng an die Intelligenz geknüpft sehen. Oder in den launigen Worten von George Bernard Shaw: »Der Nachteil von Intelligenz besteht darin, dass man beständig gezwungen ist, dazuzulernen.«

Die »intelligente« Waschmaschine – eine Sprachkritik

Der Begriff Intelligenz hat geradezu Hochkonjunktur und wird heute inflationär verwendet. Er ist zu einem Allerweltsbegriff geworden, der auf alle möglichen menschlichen und weniger menschlichen Eigenschaften Anwendung findet. Intelligenz wird so hoch gehalten, dass ein Mangel daran bereits als Krankheit oder jedenfalls als psychiatrischer Befund gesehen wird. Wer den Begriff IQ eingibt, dem meldet Google etwa 60 Millionen Fundstellen. Dies deutet den Wert an, den man dem Begriff beimisst. Und alle möglichen Intelligenzen wurden angeblich »entdeckt«: von der emotionalen Intelligenz über den Karriere- und Manager-IQ bis zur sexuellen Intelligenz ist inzwischen alles mögliche mit dem Prädikat geadelt, was sich irgendwie messen und wiegen lässt. Sogar Gott soll laut dem Gegenprogramm zu Darwin, der Theorie des »intelligent design«, die »intelligente Ursache« für die Welt und das Leben sein. Es geht noch weiter: Sobald ein technisches Gerät durch Sensoren gesteuert wird, verfügt es angeblich schon über Intelligenz; dabei wird simpel bei Dämmerung das Licht eingeschaltet oder bei Regen

➡ WO IM GEHIRN SITZT DIE INTELLIGENZ?

Diese Frage hat sich ein deutsch-amerikanisches Forscherteam in Pasadena gestellt und eine Gruppe von 241 Patienten mit lokal begrenzten Hirnschädigungen daraufhin untersucht. Vorausgesetzt wurde, dass es einen allgemeinen Intelligenzfaktor »g« gebe – auch wenn den Forschern bewusst war, dass diese Annahme umstritten ist. Ralph Adams, Professor für Psychologie und Neurowissenschaften am California Institute of Technology (Caltech) hält die Grundidee allerdings für unbestreitbar: »Wenn Probanden eine Reihe von Einzeltests lösen, korrelieren die einzelnen Ergebnisse miteinander. Manche Menschen kommen überall auf hohe Werte, während andere insgesamt niedrigere Werte erzielen.«

Die Intelligenz ist zwar nicht an einer bestimmten Stelle im Gehirn konzentriert, aber es kommt keineswegs für jede intellektuelle Herausforderung das ganze Gehirn zum Einsatz. Die Ergebnisse bestätigten die so genannte »Parieto-Frontale Integrationstheorie der Intelligenz«, die 2007 erstmals vorgestellt wurde. Dieser zufolge sind bestimmte Regionen an der Vorderseite des Gehirns, der so genannte Frontallappen, und der weiter hinten gelegene Parietal- oder Scheitellappen, wesentlich daran beteiligt.

Es sind allerdings weniger die genannten Hirnareale selbst als das komplizierte Netzwerk, also die Kommunikation zwischen diesen Regionen, die für die fluide Intelligenz entscheidend sein soll. Und für diese Vernetzung sorgen die Hirnareale, die unter anderem mit dem Kurzzeitgedächtnis und der Steuerung der Aufmerksamkeit zu tun haben. Die kristalline Intelligenz hingegen hat mit der Speicherung von Informationen zu tun, also mit dem Langzeitgedächtnis, das unter anderem im sogenannten Hippocampus angesiedelt ist, einer tiefer gelegenen Hirnregion.

die Scheibenwischer. Es gibt inzwischen »intelligente« Batterien, »intelligente« Schaltungen, Autos und Waschmaschinen – ganz zu schweigen von Computerprogrammen und »Smartphones«. Wir bekommen so nicht nur effiziente, gute Maschinen, sondern auch »intelligente« Lösungen für Probleme, die vorher vielleicht nicht einmal welche waren. Und so wird angeblich nach und nach alles intelligent um uns herum. Nur wir selbst bleiben auf der Strecke und lassen uns das Denken abnehmen, wo immer es technisch möglich ist (siehe Kasten Seite 17). Und diese mechanische Art von Intelligenz ist immer billiger zu haben. Wer liest noch Landkarten, wenn er ein »Navi« hat, wer hat noch die wichtigsten Telefonnummern im Kopf, wo doch eh alles irgendwo eingespeichert ist? Und wer will am Ende noch intelligent sein, wenn es schon eine Waschmaschine ist? Sie sehen: Der Begriff Intelligenz ist vor die Hunde gekommen. Die menschliche Intelligenz ist in Wirklichkeit etwas Unvergleichliches. Die »Künstliche Intelligenz« steckt auch nach Jahrzehnten der Entwicklung noch in den Kinderschuhen und wird niemals menschliches Denken und Inspiration in den Schatten stellen können.

Genetisch bedingt oder sozial erworben?

Wer sich auf diese Frage einlässt, betritt ein wahres Minenfeld. Eigentlich ist der Streit aber müßig. Natürlich gibt es eine erbliche Komponente. Aber niemand weiß genau, wie groß und vor allem wie wirksam sie ist. Seriöse Wissenschaftler betonen, dass man bei einer Einzelperson nie den erblichen Anteil messen kann. Man weiß also herzlich wenig. Eltern mit mehreren Kindern wissen immerhin so viel: Manchen Kindern fällt die Schule leichter, während sich andere schwerer tun, obwohl sie dieselben leiblichen Eltern haben – und sogar das gleiche soziale Umfeld! Der Erbgang verläuft also keineswegs einheitlich. Allenfalls über große, statistisch relevante Gruppen ließen sich Aussagen machen, aber auch hierfür stehen der Forschung keine verlässlichen Zahlen zur Verfügung.

Ob man den Einfluss der Erbanlagen auf 50 oder 80 Prozent beziffert, ist eher eine Frage der politischen Einstellung. Die Frage gleicht dem Problem mit dem Huhn und dem Ei: Wenn eine Bevölkerungsgruppe im Durchschnitt bei IQ-Tests und in der Schule schlechter abschneidet als eine andere, schieben es die einen auf deren Erbgut, die anderen auf soziale Faktoren. Es ist jedoch kein Zufall, dass sich manche Verfechter der Erblichkeit im zwielichtigen Umfeld von Rassisten und Eugenikern wiederfinden. Einige ältere Vertreter dieser Lehre haben eine unrühmliche Rolle im Nationalsozialismus gespielt. Heute gibt es in den USA eine Stiftung (»Pioneer Fund«), die ausdrücklich Forschung finanziert, mit der die Erblichkeitsthese und damit die Theorie der genetisch bedingten Intelligenzunterschiede der Rassen untermauert werden soll. Das mutet vor dem Leitgedanken der unabhängigen Wissenschaft zumindest seltsam an.

Fragen wir also die Genetiker. Die harten Fakten sprechen hier eine klare Sprache, denn das menschliche Genom ist seit Jahren entschlüsselt. Unterschiede der Rasse betreffen höchstens 0,01 Prozent des genetischen Codes. Es besteht also kein Zusammenhang zwischen Hautfarbe und Intelligenz. Der führende Biochemiker und Genforscher Craig Venter (* 1946) sagt: »Wir Menschen sind ein genetisches Kontinuum.« Soviel ist sicher: Es gibt kein Gen für Intelligenz. Manche Forscher meinen gar, dass bis zu 1.000 Gene an ihrer Ausprägung beteiligt sind. Ein solches Zusammenspiel könnten auch die rechenstärksten Supercomputer nicht berechnen. Bei 100 Genen könnten es bereits »100!« Kombinationen sein – lies: »100 Fakultät«, also die Zahl, die man erhält, wenn man 1 × 2 × 3 × bis × 98 × 99 × 100 multipliziert: eine schier endlose Zahlenkolonne!

Zwischen Intelligenz und Hautfarbe gibt es keinen Zusammenhang. Die soziale Umgebung wirkt sich stark aus.

Erbanlagen, und was man daraus macht

Ein schönes Bild aus der Natur kann veranschaulichen, wie sich im Endeffekt genetische Varianzen, die niemand abstreitet, relativieren können: Man streue Getreidesamen zur einen Hälfte auf ein gut gedüngtes Beet und zur anderen auf einen schlecht gepflegten, ausgelaugten Boden. Das Saatgut im ersten Beet wird austreiben und gut wachsen. Es wird genetisch bedingte Unterschiede geben, denn kein Halm, keine Ähre gleicht exakt der anderen. Aber diese Abweichungen spielen insgesamt eine geringe Rolle. Im zweiten Beet hingegen werden viele Körner gar nicht aufgehen und die anderen nur ein bescheidenes Wachstum zeigen. Weil alles nur kümmerlich vorankommt, werden die Pflanzen nicht einmal die Chance haben, ihre eventuell vorhandenen genetischen Unterschiede zu entwickeln. So wird ein ungünstiges soziales Umfeld immer die Entwicklung der Intelligenz behindern.

»Der Anteil genetischer Faktoren an den Intelligenzunterschieden ist davon abhängig, ob die Umwelt es einem Menschen überhaupt ermöglicht, sein genetisches Potential zu entfalten«, meint der Bildungsforscher Ulman Lindenberger (*1961). Die Übertragung auf reale Lebens- und Testsituationen bleibt Ihnen überlassen. Wer über Intelligenz redet, so der Intelligenzforscher James R. Flynn (*1934), der muss »auch über Kultur und Lebensweise sprechen«. Niemand bestreitet den Kausalzusammenhang zwischen Intelligenz und Erfolg. Der amerikanische Sozialpsychologe Richard E. Nisbett bringt es auf die einfache Formel: »Sorgt man für gute Bildung, steigt der IQ.«

Wie lässt sich Intelligenz beeinflussen?

In die negative Richtung ist das leider kein Problem: Diverse Krankheiten und Suchtverhalten beeinträchtigen die Intelligenz ganz massiv. Ob sich die Intelligenz auch positiv entwickeln lässt, ist zwar strittig, aber sehr vieles spricht dafür, dass es funktioniert. Im Zentrum steht dabei die Frage, ob der fluide Anteil der Intelligenz eine Weiterentwicklung erfahren kann – die kristalline Komponente ja sowieso, denn es hindert uns niemand daran, zeitlebens immer wieder Neues zu lernen. Lange Zeit war man der Auffassung, dass die fluide Intelligenz ein konstantes Persönlichkeitsmerkmal darstellt. In jüngster Zeit gibt es aber Hinweise darauf, dass hier sehr wohl Bewegung möglich ist und die Persönlichkeit nahezu lebenslang formbar bleibt – dazu mehr auf Seite 18.

Man muss pragmatisch unterscheiden zwischen der Intelligenz einerseits und dem gemessenen IQ andererseits. Denn für den IQ, der in Tests ermittelt wird, lässt sich eine Steigerung durchaus bejahen – in einem gewissen Rahmen. Dieses Buch soll Ihnen dabei helfen, Ihre Testintelligenz zu erhöhen. Sie können darin Testfragen in allen

Formen und Varianten trainieren und werden dann ganz bestimmt in IQ-Tests besser abschneiden. Und dass Übung geistig fit hält, ist ohnehin eine Binsenweisheit.

Einige förderliche Faktoren der frühkindlichen Entwicklung sind bekannt und wenig umstritten: Wenn ein Kind viel Zuwendung und Ansprache findet, dann ist das seiner Entwicklung zuträglich; daran wird niemand zweifeln. Ob deshalb allerdings Flaschenkinder weniger intelligent sind als Kinder, die gestillt werden, sei dahingestellt. Es gibt aber zumindest Untersuchungen, die einen solchen Zusammenhang behaupten.

Ein bekanntes Kuriosum gehört in diesen Kontext: der so genannte Mozart-Effekt, der – dank erfolgreichen Marketings – bis heute seine »Wirkung« noch nicht verloren hat. Vor einem IQ-Test haben amerikanische Forscher 1993 einer Teilgruppe der Probanden Mozartmusik vorgespielt; eine Vergleichsgruppe bekam keine Musik zu Gehör, eine weitere einfach strukturierte Entspannungsmusik mit vielen Wiederholungen. Die Mozart-Gruppe schnitt im Bereich der räumlichen Intelligenz deutlich besser ab. Die Nachricht machte die Runde, und – wie es bei Nachrichten ist – der Stille-Post-Effekt ließ nicht lange auf sich warten. In der Öffentlichkeit kam das Ergebnis so an, dass Mozartmusik generell die Intelligenz verbessere. Dass die Probanden nur im Bereich der räumlichen Intelligenz Pluspunkte geholt hatten, fiel unter den Tisch. Sie können sich denken, was nun in den CD-Läden los war – besonders in den USA. Beethoven war plötzlich out, Mozart in und wurde von Menschen gekauft und gehört, die mit klassischer Musik bis dahin gar nichts am Hut hatten. »Mozart macht schlau«, hieß es, und so beschloss der Gouverneur des US-Bundesstaats Georgia 1998, dass jedem Neugeborenen eine CD oder eine Kassette mit klassischer Musik in die Wiege gelegt wird. Bis heute glauben Mütter, dass ihr Kind klüger würde, wenn sie ihm bereits während der Schwangerschaft

➡ DER FLYNN-EFFEKT – UND SEIN ENDE

Der Flynn-Effekt besagt, dass die Menschen der Industrienationen gemessen an dem in Tests ermittelten IQ im Durchschnitt immer klüger werden. So haben sich die Deutschen zwischen 1954 und 1981 um 17 IQ-Punkte verbessert. Manche Forscher schreiben diesen Effekt der gesünderen Ernährung zu. In den letzten Jahren scheint der Zuwachs aber zu stagnieren, als hätte man ein Plateau erreicht. Seit Ende der 1990er-Jahre beobachten Forscher sogar eine Talfahrt der »fluiden Intelligenz«. Man vermutet mehrere Ursachen hinter dieser Entwicklung. Auch hier wird die Ernährung – der zunehmende Fastfood-Konsum – ins Feld geführt. Vielleicht sind die Menschen der Industrieländer heute auch passiver als früher und leben in der Mehrheit nur noch als Konsumenten, die Herausforderungen eher ausweichen und sich stattdessen mehr »berieseln« lassen.

klassische Musik vorspielen – vornehmlich Mozart. Die Fakten: Die Forscher selbst haben festgestellt, dass der Effekt bei dem eingangs erwähnten Intelligenztest nur sehr kurze Zeit anhielt und zudem auf der heiteren, gelösten Stimmung beruhte, die die Musik hervorrief. Das aber hat mit Mozart nichts zu tun, denn Entspannung ist auf vielen Wegen erreichbar. Und dass sich Entspannung und Heiterkeit positiv auf Befindlichkeit, Konzentration und Leistungsfähigkeit auswirken, ist nicht besonders überraschend.

Seriöser sind die Versuche eines Forscherteams um den Berner Psychologieprofessor Walter J. Perrig (*1951), das ein spezielles Trainingsprogramm entwickelt hat, mit dem sich die fluide Intelligenz nachweislich verbessern lässt. Zuerst musste man Aufgaben erfinden, die die fluide Intelligenz fördern, sich aber deutlich von denen in üblichen IQ-Tests unterscheiden. So sollte ausgeschlossen werden, dass die Verbesserung der fluiden Fähigkeiten auf den reinen Übungseffekt zurückzuführen ist, also auf die Vertrautheit mit den Aufgabentypen. Die von Perrigs Team dafür entwickelten Übungen zielen auf das »working memory« ab, also jene Hirnareale, die in etwa mit dem Arbeitsspeicher eines Computers vergleichbar sind, der nur die momentan benötigten Informationen bereithält und verknüpft. Der Zugewinn war im Übrigen größer bei Probanden, deren g_f-Werte zuvor eher durchschnittlich oder niedriger waren.

Denksportaufgaben wie Sudokus und anspruchsvolle Kreuzworträtsel fordern besonders die fluide Intelligenz.

Ob der in der Laborsituation nachgewiesene Effekt dauerhaft Bestand hat, ist noch unklar. Nur soviel belegen diese Forschungen: Selbst die fluide Intelligenz, die als Konstante angesehen wurde, kann sich im Laufe des Lebens noch verbessern.

Geistig beweglich – bis ins hohe Alter

Der Grad der Intelligenz des Einzelnen ist nicht ein für allemal festgelegt; soviel ist heute gewiss. Neuere Forschungen haben gezeigt, dass das Erwachsensein keineswegs Stillstand bedeuten muss. Die Entwicklung hängt natürlich jeweils vom Einzelnen ab, von seinem Interesse und seiner Bereitschaft, aktiv zu werden. Der amerikanische Psychologe John L. Horn (1928–2006), einer der Schüler von Cattell, bestritt deshalb in seinen späteren Jahren die Vorstellung von einem übergeordneten Faktor »g«, der als angeborene Konstante alles Denken prägen soll. Er spricht vielmehr von »multiplen

Intelligenzen«. Diesen Begriff verwendet auch Howard Gardner (*1943), einer der Kritiker der Theorien, die einen einzigen übergeordneten Faktor »g« annehmen. Die multiplen Intelligenzen entwickeln sich auch noch im Erwachsenenalter – in sehr individuellen Grenzen. Horn verweist dabei auf die »Expertise«, das Fachwissen, das ja nicht nur als Information abrufbar ist, sondern es überhaupt erst möglich macht, Neues zu erschließen, Neuland zu betreten, mithin in einem Bereich Kreativität zu entwickeln. Die einfache Gegenüberstellung von g_f und g_c greift demnach zu kurz.

Intelligenz, Kreativität, Ziegelsteine

Wenn es eine Eigenschaft gibt, die in unserer Gesellschaft ähnlich hoch angesehen ist wie Intelligenz, dann ist es Kreativität. Dass es zwischen beiden Kategorien einen engen Zusammenhang gibt, leuchtet ein. Kreativität setzt ein gewisses Maß an Intelligenz voraus, aber sie geht auch darüber hinaus.

Ein aufschlussreicher Test – ein Klassiker unter den Kreativitätstests – ist der »Ziegelsteintest«. Die simple Aufgabe besteht darin, so viele Einsatzmöglichkeiten für einen Ziegelstein zu finden wie nur möglich. Sie können den Test gleich selbst durchführen: Nehmen Sie sich Bleistift und Papier und drei Minuten Zeit. Schreiben Sie nun alle Ihre Ideen auf – wirklich alle. Wenn Sie mehr als 20 gefunden haben, auch verrückte Ideen, dann sind Sie wirklich gut.

Der Journalist und Autor Malcolm Gladwell (*1963) berichtete 2009 von den Ergebnissen zweier Studenten im Ziegelsteintest. Der eine hatte einen weit überdurchschnittlichen IQ, der andere zwar einen hohen, aber gegenüber dem ersten Studenten deutlich niedrigeren. Der intelligentere Student kam in der vorgegebenen Zeit auf wesentlich weniger Nutzungsmöglichkeiten, die außerdem alle ziemlich naheliegend waren, der Student mit dem geringeren IQ hingegen brachte sehr viele originelle Möglichkeiten zu Papier. Fazit: Intelligenz allein reicht nicht aus, um Kreativität zu erklären. Diese ist etwas Eigenes, Unersetzliches.

Intelligenz leistet schlussfolgerndes, bewertendes, logisches Denken, das auch konvergentes Denken genannt wird. Intelligenztests fordern ebendiese Art von Denken. Sie präsentieren eine Vorgabe, und die Probanden sollen Strukturen und Regeln darin erkennen, logische Schlüsse ziehen und sich dann zur richtigen Antwort »hinneigen« – die wörtliche Bedeutung von »konvergieren«. Kreativität hingegen beruht auf divergentem Denken, auf dem Zusammendenken von Kontrasten, von Alternativen, die oft weit auseinander liegen. Im Wortsinn bedeutet divergieren »auseinanderlaufen, abweichen«. Nur durch diese unkonventionelle Art des Denkens kann etwas Neues entstehen.

Edward de Bono (*1933), einer der führenden Lehrer auf dem Gebiet der Kreativität, unterscheidet zwischen der »rock logic«, der harten Logik, die nur zwischen wahr und falsch unterscheiden kann, und der von ihm so genannten »water logic«. Wie Wasser dringt sie in Fugen und Löcher, fließt auseinander – und erschließt sich so das Neue. IQ-Tests ebenso wie die Übungsaufgaben in diesem Buch fordern zwar die konvergente Logik. Aber das, was die fluide Intelligenz leistet, bis sie sich einer harten Lösung zuneigt, hat viel mit der Offenheit dieser »Wasserlogik« zu tun. Dieses Bild sollte Ihnen vor Augen bleiben. Nehmen Sie als Beispiel die nachfolgende Zahlenreihe. Die verborgene Gesetzmäßigkeit könnte streng mathematisch sein – oder aber völlig anders! Diese völlig andere Struktur können sie nur erkennen, wenn Sie Wasserlogik zulassen. Das intuitiv gefundene Ergebnis muss dann wieder vor der harten Logik Bestand haben. Suchen Sie das Bildungsprinzip hinter dieser Zahlenfolge:

8, 3, 1, 11, 5, 9, 6, 7, 4, 10, 2, 12

Eine Rechenregel werden Sie vermutlich nicht erkennen. Da es nur ein Beispiel sein soll, sei Ihnen die Lösung gleich verraten: Die Zahlen sind sortiert nach der alphabetischen Reihenfolge der ausgeschriebenen Zahlwörter von 1 bis 12: acht, drei, eins, elf, fünf …

Denken Sie immer an dieses Bild des Wassers, wenn Sie bei einer Aufgabe keine unmittelbar einsichtige Struktur entdecken. Treten Sie dann geistig einen Schritt zurück, versuchen Sie, eine neue Perspektive einzunehmen und denken Sie quer und seitwärts. Die Wasserlogik ermöglicht »laterales« Denken, also ein Denken quer zu der üblichen Logik. Lassen sie das Auseinanderfließen zu; manchmal finden Sie nur so die Lösung.

IQ – die vermessene Intelligenz

Die ersten Intelligenzmessungen unternahm, wie erwähnt, der deutsch-amerikanische Psychologe William Stern; ein Rechenbeispiel finden Sie auf Seite 11. Wenn es darum geht, das Phänomen Intelligenz zu erfassen, dann sind IQ-Tests das Mittel der Wahl. Allerdings gibt es bis heute nicht den einen, den absoluten IQ. Der Wert kann von Test zu Test durchaus variieren. Jede ermittelte Zahl ist zudem mit einem Messfehler behaftet. Man geht davon aus, dass der gemessene Wert die gesuchte Eigenschaft immer nur annähernd abbildet. Was der jeweilige IQ bedeutet, hängt schließlich entscheidend davon ab, welchen Begriff von Intelligenz der jeweilige Test voraussetzt. Kein Intelligenztest ist zudem in der Lage, alle Aspekte der Intelligenz gleichermaßen zu erfassen.

Wir sind in der paradoxen Situation, dass wir gar nicht genau wissen, was wir messen, dies aber mit einem gewissen Anspruch auf Genauigkeit tun. Hans Jürgen Eysenck (1916–1997), einer der bekanntesten Psychologen, wenn auch ein umstrittener – er ist

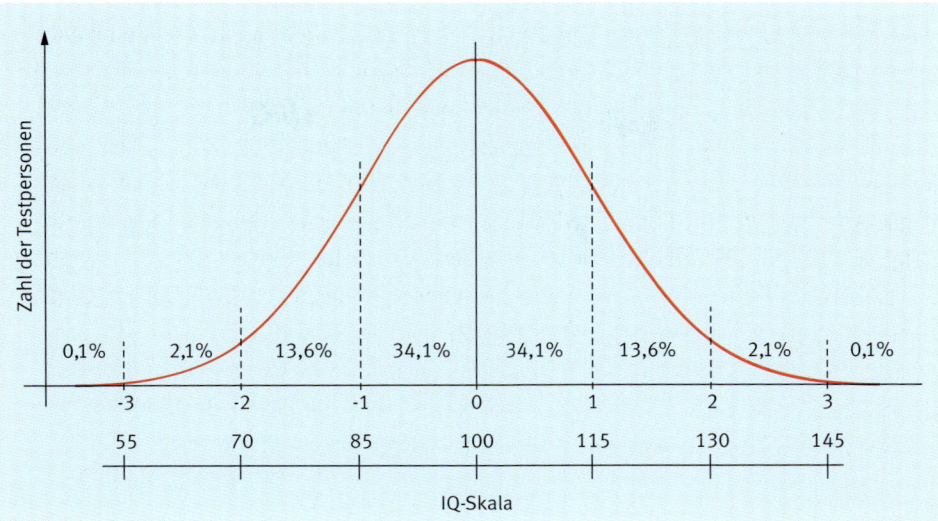

ein Anhänger der Vererbungslehre –, verteidigt diese Unschärfe und wirft den Kritikern vor, dass sie einen falschen Begriff von Wissenschaft hätten. Er verweist auf das Beispiel des Thermometers. Damit hat man schon über Jahrhunderte sehr exakt die Temperatur bestimmen können, lange bevor es eine exakte Theorie der Wärmelehre gegeben hat. Das Beispiel ist suggestiv, aber ein wenig schief: Eine streng naturwissenschaftliche Lösung für das Problem der Intelligenz wird selbst Eysenck nicht erwarten. Das Beispiel von Eysenck setzt außerdem voraus, dass es dieses geheimnisvolle »g« gibt, die messbare Größe, die allen Intelligenzleistungen zugrunde liegen soll. Viele Psychologen teilen diese Meinung heute nicht mehr. Entsprechend werden die Tests in dem Bewusstsein genutzt, dass man jeweils verschiedene Faktoren misst.

IQ-Tests liefern Vergleichswerte, die auf einer Skala abgetragen werden. Zugrunde gelegt wird die so genannte Normalverteilung, die durch die Gauß'sche Glockenkurve (siehe Diagramm oben) dargestellt wird. Dahinter steckt die Beobachtung, dass sich eine genügend große Zahl von zufällig erhobenen, voneinander unabhängigen Größen – wie zum Beispiel die IQ-Werte von Testpersonen einer bestimmten Altersgruppe – in einer charakteristischen Weise um einen mittleren Wert herum verteilen, die durch die Form der Glockenkurve beschrieben werden kann. Die Normalverteilung ist keineswegs eine Erfindung des Mathematikers Carl Friedrich Gauß (1777–1855), jedoch seine Entdeckung. »Erfinderin« ist die Natur selbst, denn an vielen natürlichen Phänomenen lässt sie sich beobachten. Die Funktionsgleichung, die diese Verhältnisse mathematisch beschreibt, ist allerdings sehr kompliziert. Die Glockenkurve wird generell in der Statistik angewendet, z. B. in der Versicherungsmathematik.

Die Y-Achse des Diagramms entspricht der Zahl der Testpersonen, bei denen der jeweilige IQ-Wert gemessen wurde. Die Fläche zwischen der X-Achse und der Kurve steht für die Gesamtzahl der erhobenen Messgrößen und entspricht deshalb 100 %. Die Kurve zeigt, dass die extremen Werte zu beiden Seiten sehr rasch seltener werden. Die meisten Werte, etwas mehr als 68 %, finden sich im Bereich einer sogenannten Standardabweichung, auf der X-Achse zwischen -1 und 1. Über 95 % der Fälle sind bereits abgedeckt, wenn wir zwei Standardabweichungen betrachten, also den Bereich zwischen -2 und 2. Mit drei Standardabweichungen lassen sich über 98 % der Messgrößen erfassen. Diese Verhältnisse gelten für alle Phänomene, die normalverteilt sind.

Für den IQ ist noch eine Normierung notwendig, damit sichergestellt ist, dass man über das Gleiche spricht. Dazu muss die Einteilung der X-Achse festgelegt werden. Der Schei-

➡ DIE GLOCKENKURVE UND IHRE GRENZEN

Die Glockenkurve und die zugrunde liegende Funktion lassen sich anwenden auf Fälle, bei denen voneinander unabhängige Größen gleichmäßig verteilt sind. Ein Standardbeispiel ist der normale Würfel. Bei genügend vielen Würfen wird nach dem »Gesetz der großen Zahl« jede Augenzahl in etwa gleich häufig vorkommen; vorausgesetzt, der Würfel hat keine Schlagseite. Eine Folge von gleichen Zahlen wird immer seltener auftreten, je länger diese zufällige Reihung ist. Zu den Rändern hin flacht sich die Kurve also nach beiden Seiten ab: Das heißt, es gibt genauso selten sehr lange Folgen von Einsen wie von Sechsen. Reale Würfel werden allerdings immer ein wenig vom Idealfall abweichen. Daher lässt sich durch den Vergleich mit der idealen Kurve so die Qualität eines Würfels bestimmen. In einem ähnlichen Sinne passt die Glockenkurve auch auf den IQ oder etwa die Verteilung der Körpergrößen von Männern.

Gefährlich wird es, wenn man das Modell unkritisch überträgt. Für den Finanzmathematiker und Bestsellerautor Nassim Nicholas Taleb (* 1960) handelt es sich stets um spezielle Situationen, für die das Modell passt: »Variationen vom Typ der Gauß'schen Glockenkurve sind einem Gegenwind ausgesetzt, der dazu führt, dass die Wahrscheinlichkeiten immer schneller sinken, je weiter man sich vom Durchschnitt entfernt.« Das hat zur Folge, dass der Beitrag der extremen Werte zum Ganzen als verschwindend gering eingestuft wird. In seinen Augen begehen viele Wissenschaftler allerdings den Fehler, dass sie das Modell für die Wirklichkeit nehmen; sie fallen dann aus allen Wolken, wenn die Realität nicht so funktioniert wie vorgesehen. Der Einfluss von Extremen, von »scharfen Sprüngen und Diskontinuität« (Taleb) wird unterschätzt. Viele Vorhersagen gerade in der Wirtschafts- und Währungspolitik beruhen auf der Glockenkurve. Wie wenig sie in der Vergangenheit getaugt haben, wenn es um die Vorhersage tatsächlich eingetretener Katastrophen geht, muss kaum betont werden. Man denke etwa an die jüngste Wirtschaftskrise.

telpunkt der Kurve bei X=0 entspricht dem Wert 1 auf der Y-Achse. Dieser Scheitelpunkt wird beim IQ mit 100 bezeichnet – der Wert, der demzufolge als der durchschnittliche IQ definiert ist. Der IQ von 68,2 % der Menschen findet sich nun im Bereich einer Standardabweichung um den Mittelwert herum. Man hat sich außerdem – mehr oder weniger willkürlich – auf den Wert 15 für eine Standardabweichung geeinigt. Daher befindet sich diese Mehrheit im Bereich zwischen IQ 85 und IQ 115.

Wie gesagt sind die Durchschnittswerte heute für die jeweilige Altersgruppe normiert; 15- und 50-Jährige werden daher nur innerhalb ihrer jeweiligen Altersgruppe verglichen. Der Hamburg-Wechsler-Intelligenztest (siehe Kasten Seite 25) wurde beispielsweise durch eine Stichprobe von 1.790 Erwachsenen aus dem deutschsprachigen Raum zwischen 1999 und 2005 normiert. Es erwies sich dabei als sinnvoll, 13 Altersstufen zwischen 16 und 89 Jahren vorzusehen, die jede für sich eine gewisse Homogenität aufwies. Der Vorteil ist, dass derselbe Test für mehrere Altersgruppen eingesetzt werden kann. Identische Lösungen der Aufgaben können deshalb je nach Alter der Testperson unterschiedliche IQ-Werte ergeben. Wem ein IQ von 130 bescheinigt wird, der weiß damit, dass 98 Prozent der Menschen seiner Altersgruppe einen gleich hohen oder niedrigeren IQ aufweisen oder mit anderen Worten: Nur etwa 2 Prozent haben einen besseren Wert erreicht. Die letztere Formulierung hört sich möglicherweise schmeichelhafter an, sagt aber statistisch gesehen dasselbe aus.

Was kennzeichnet einen guten IQ-Test?

Damit ein IQ-Test sinnvoll auf der Glockenkurve abgebildet werden kann, muss er drei Kriterien erfüllen (nach Franzis Preckel und Matthias Brüll): Objektivität, Reliabilität und Validität. Er muss objektiv sein, d.h., derjenige, der die Untersuchung durchführt, darf keinen Einfluss auf die Untersuchungsergebnisse ausüben, die äußeren Bedingungen müssen identisch sein, wie zum Beispiel die Zeitvorgaben und – idealerweise – auch die Räumlichkeiten, in denen der Test durchgeführt wird. Zweitens muss er zuverlässig sein – in der Fachsprache »reliabel« –, d.h., er muss einen möglichst hohen Grad an Genauigkeit bei der Messung des Persönlichkeitsmerkmals aufweisen, also einen möglichst kleinen Messfehler. Und drittens muss er valide, also aussagefähig sein, d.h., genau jenes Merkmal messen, das man untersuchen wollte, z.B. die fluide Intelligenz.

Damit die professionell eingesetzten IQ-Tests aussagekräftig bleiben, sind sie nicht öffentlich zugänglich. Der ohnehin eingeschränkte Aussagewert wäre dahin, wenn die Aufgaben bekannt wären. Für ein geniales IQ-Ergebnis müsste man ja nur die Lösungen auswendig lernen. Alle Publikationen, die vorgeben, dass die darin veröffentlichten Tests einen verlässlichen IQ-Wert liefern, sind deshalb mit Vorsicht zu genießen.

Ein grundsätzlicher Einwand gegen Intelligenztests betrifft deren Kulturabhängigkeit: Den frühen Tests merkt man diese Voreingenommenheit besonders deutlich an. Eysenck bzw. sein deutscher Übersetzer setzen beispielsweise stillschweigend voraus, dass die Komponisten Rossini, Verdi, Strauss oder die Dichter Hebbel, Uhland und Heine einem »intelligenten Menschen« bekannt sein müssten. Also denkt er eindeutig im Rahmen einer abendländischen, bürgerlichen Bildung und Kultur und noch dazu an den deutschen Sprachraum. Objektivität ist etwas anderes.

Holzteile wie diese wurden für einen Intelligenztest nach Drever und Collins aus dem Jahre 1928 verwendet.

Eindeutig bildungsabhängige Aufgaben sind in den neueren Tests nicht mehr zu finden. Trotzdem fordern viele Sprachaufgaben auch kristalline Intelligenz, die stets kulturell geprägt ist. Sie weisen demnach einen kulturellen »bias« (Verzerrung) auf, setzen also erworbenes Wissen voraus. Wundert es da, wenn sozial Benachteiligte bei diesen Tests schlechter abschneiden? Einen gänzlich kulturunabhängigen Test kann es ohnehin kaum geben; ohne die Beherrschung der Grundrechenarten kommt man bei vielen Aufgabentypen gar nicht aus, und diese setzen nun einmal eine gewisse Schulbildung voraus. Neuere Tests versuchen aber immerhin, hier genau zu unterscheiden: Es kann durchaus Wissen abgefragt werden, das ja bisweilen, z. B. im beruflichen Umfeld, nicht ohne Belang ist. Allerdings gibt es immer auch kulturunabhängige Problemstellungen. Die meisten der heute gängigen Tests sind zudem mehrdimensional. Sie erfassen also nicht nur einen Intelligenzbereich, sondern mehrere, und liefern nur als Endergebnis einen Gesamt-IQ.

Unterschiede gibt es auch in den Zeitvorgaben. Im »Speed Test« geht es darum, möglichst viele Fragen in einer festgesetzten Zeit zu lösen; die Fragen sind meist so, dass sie ohne Zeitbeschränkung im Prinzip von jedem gelöst werden könnten. Die Auslese erfolgt also durch die Zeitbeschränkung. Der Test misst auf diese Weise Konzentrationsfähigkeit und Verarbeitungsgeschwindigkeit. Keine Zeitvorgabe gibt es beim »Power Test« oder »Niveau-Test«. Dieser soll die allgemeine Denkfähigkeit ausloten. Die Aufgaben sind meist gestaffelt; nach einfacheren Aufgaben zum Einstieg werden die Problemstellungen deutlich schwieriger. Hier geht es dann darum, ob der Proband überhaupt eine Lösung findet. Die meisten gängigen IQ-Tests kombinieren beide Testtypen.

➡ DIE GÄNGIGSTEN TESTS

In Deutschland werden über 80 Tests mit unterschiedlichen Schwerpunkten und Einsatzgebieten professionell angewendet. Hier die wichtigsten seriösen, statistisch abgesicherten Tests:

1. WIE: Wechsler-Intelligenztest für Erwachsene. Dieser Individualtest ist für die Untersuchung verschiedener kognitiver Fähigkeiten von Jugendlichen und Erwachsenen von 16 bis 89 Jahren sehr gebräuchlich. Errechnet werden Verbal-IQ, Handlungs-IQ und ein Gesamt-IQ sowie vier weitere Intelligenzindizes (Sprachverständnis, Organisation der Wahrnehmung, Arbeitsgedächtnis und Arbeitsgeschwindigkeit). Eingesetzt wird er bei Personalentscheidungen und im klinischen Bereich.

2. HAWIK-IV: Hamburg-Wechsler-Intelligenztest für Kinder. Dieser Test wird im pädagogischen und klinischen Bereich eingesetzt.

3. CFT 20 R: Culture Fair Test. Ziel ist es, frei von kulturellen Einflüssen wie der Sprache die fluide Intelligenz zu erfassen. Angewendet wird er sowohl bei Kindern als auch bei Erwachsenen in der Bildungs- und Berufsberatung.

4. RPM: Raven Progressiver Matrizentest. Auch dieser Test ist sprachfrei; er zielt ebenfalls auf die fluide Intelligenz. Etwas weniger umfangreich als der CFT, ermöglicht er ohne großen Aufwand eine Einschätzung der Intelligenz.

5. I-S-T 2000 R: Intelligenz-Struktur-Test. Dieser testet fünf der sieben Intelligenzbereiche nach Thurstone sowie Wissen (kristalline Intelligenz) und schlussfolgerndes Denken (fluide Intelligenz). Er wird oft angewendet bei Personalentscheidungen, weniger bei schulischen Fragen.

6. BOMAT: Bochumer Matrizentest. Ein leeres Feld in einer 5-x-3-Matrix muss mit dem richtigen von sechs Lösungsangeboten gefüllt werden. Sprachfreier Test für Studenten und Absolventen von Hochschulen und Managern (»high potentials«).

Was Ihnen dieses Buch bietet

Sie werden sehen, dass ein großer Teil des Buchs aus Aufgaben besteht, wie man sie aus den gängigen Intelligenztest kennt. Sie gehören zu den Kernbereichen

1. Sprache,
2. Logik,
3. Zahlen und Mathematik sowie
4. visuelle Intelligenz.

In Bereich 1 spielt die kristalline Komponente die größte Rolle, also das »Weltwissen«, das sich vor allem in der Sprache niederschlägt. Dieses schließt Schulwissen ein, ist aber umfassender. Ganz trennen lassen sich beide Faktoren ohnehin nicht, denn nach John B. Carroll (1916–2003) geht ein hoher »g_f«-Wert stets mit einem großen Wortschatz einher. Die Bereiche 2 bis 4 betreffen – einmal abgesehen von der Beherrschung der Grundrechenarten – hauptsächlich die fluide Intelligenz. In den beiden Übungskapiteln dieses Buchs finden Sie auf jeder Doppelseite je eine Aufgabe aus den vier Bereichen, allerdings durchgemischt und nicht in einer starren Abfolge – anders als in vielen Tests. Vor allem »Speed Tests« bringen stets Blöcke mit Aufgaben gleicher Art. Aber Abwechslung hält Sie wach und flexibel, und schließlich soll der Spaß nicht zu kurz kommen. Anders als in vielen anderen Testbüchern werden zudem in diesem Buch Farben als Bedeutungsträger eingesetzt. Die Aufgaben im Übungsteil sind in zwei Kapitel gegliedert. Sie beginnen mit einfacheren Übungen zum »Aufwärmen«; so vorbereitet, können Sie sich im Anschluss an die mittleren bis schweren Fragen des nächsten Kapitels wagen.

Bei den Aufgaben der beiden Übungskapitel finden Sie Zeitvorgaben in Minuten. Diese bedeuten nicht etwa, dass Sie sich die angegebene Zeit nehmen sollen. Sie werden möglicherweise viele Aufgaben wesentlich rascher lösen. Nur da, wo Sie sich schwerer tun, sollten Sie die Zeitangabe als Anhaltspunkt nehmen, denn Sie sollten sich nicht zu lange mit einer Aufgabe aufhalten. In einem realen Test würden Sie damit Punkte verschenken. Manchmal ist man wie blockiert, was aber an der momentanen Verfassung liegen kann. Vielleicht haben Sie sich in einen Lösungsweg verrannt, der doch nicht zum Ziel führt. Oft fällt der Groschen erst, wenn Sie eine Aufgabe zunächst zurückstellen und später mit neuem Elan und frischer Perspektive nochmals anpacken. Vor allem in dem Kapitel mit den schwierigeren Aufgaben stecken einige harte Nüsse.

Wenn Sie mit der einen oder anderen Aufgabe endgültig nicht weiterkommen sollten, sehen Sie sich die Lösung an und vollziehen den beschriebenen Gedankengang nach: Ein Aha-Effekt wird sich dann immerhin einstellen – und auch dieser ist ein Lernerfolg. Einer ähnlich gelagerten Aufgabe werden Sie dann in Zukunft besser gewachsen sein.

Das bietet die beiliegende CD-ROM

Die CD-ROM ermöglicht es Ihnen, Aufgaben am PC oder Mac zu lösen. Sie enthält Aufgaben derselben Typen wie das Buch, es wiederholen sich aber keine Fragen aus dem Buch. Das Programm kann mehrere Testpersonen verwalten, deren Ergebnisse separat festgehalten werden. Jeder Test besteht aus 40 Aufgaben, die von einem Zufallsgenerator aus einer Datenbank von insgesamt 160 Aufgaben zusammengestellt werden. So gleicht kein Test einem anderen. Aufgaben, die einer der eingetragenen Spieler bereits gelöst hat, erhalten in der Datenbank einen entsprechenden Vermerk und kommen dann in den folgenden Tests dieses Spielers nicht mehr vor.

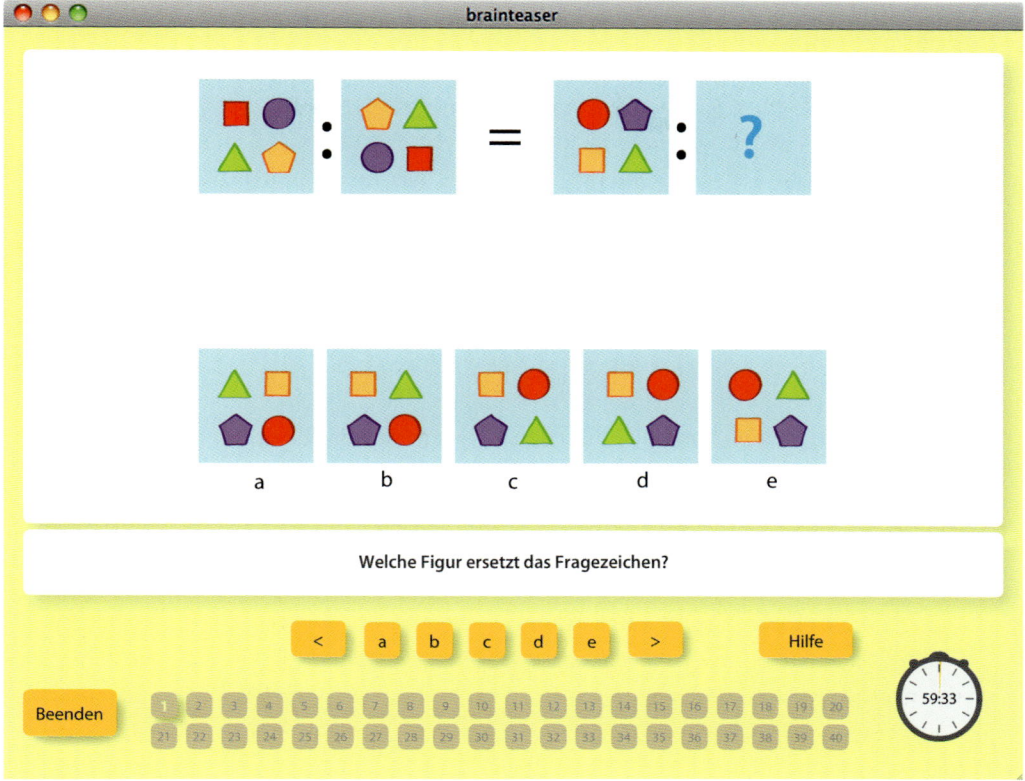

Mindestens vier Tests à 40 Fragen sind pro Teilnehmer möglich, ohne dass sich eine Aufgabe wiederholt. Wenn Sie mit laufender Uhr arbeiten, können es auch mehr sein – je nachdem, wie viele Aufgaben von den jeweils 40 angebotenen Sie noch nicht gelöst haben. Sie können allerdings auch jederzeit von vorn anfangen – eventuell unter einem anderen Namen. Die Tests werden dann vom Zufallsgenerator neu zusammengestellt. Sie werden dabei die Erfahrung machen, dass Sie sich bei vielen Aufgaben den Lösungs- weg neu erarbeiten müssen. Aber Sie werden sich möglicherweise leichter tun. Da macht sich schon Ihr Lernerfolg bemerkbar! Denn in Ihrem Langzeitgedächtnis sind nur die wenigsten Aufgaben und Lösungswege konkret gespeichert, auch wenn Ihnen die Aufgabe bekannt vorkommt.

Voreingestellt ist pro Test eine Zeitbegrenzung von 60 Minuten; Sie können die Uhr je- doch abschalten. Sollten Sie sich für den härteren Selbsttest mit laufender Uhr ent- scheiden, bricht der Test nach Ablauf der 60 Minuten automatisch ab und wird gleich anschließend ausgewertet. Die Auswertung zeigt Ihnen die Anzahl der bearbeiteten und die der richtig gelösten Aufgaben an.

Anzahl und Schwierigkeitsgrad der zu einem Test kombinierten Aufgaben sind so abgestimmt, dass Sie in der Regel nicht alle Aufgaben in der vorgegebenen Zeit schaffen werden. Das ist Absicht! Sonst würden ja die leistungsfähigsten unter Ihnen an eine Grenze stoßen, wenn sie mit den Aufgaben durch sind. Dann könnten sie gar nicht ihre ganze Stärke ausspielen. Lassen Sie sich also nicht davon beeindrucken oder enttäuschen, wenn Sie nach einer Stunde noch nicht das ganze Pensum erledigt haben.

Unterbrechungen der Arbeit sind jederzeit möglich, auch wenn die Uhr mitläuft. Die verbleibenden Aufgaben, Ihre bereits erarbeiteten Lösungen und – falls Sie den Zeitbegrenzungsmodus gewählt haben – die Restzeit werden gespeichert. Den angefangenen Test können Sie also später an der gleichen Stelle wieder aufnehmen. Empfehlenswert sind Unterbrechungen der Bearbeitung zwar nicht, aber manchmal unvermeidlich.

Sie sind nicht an die Reihenfolge der Aufgaben gebunden. Sollten Sie bei einer Aufgabe nicht weiterkommen, können Sie zur nächsten übergehen. Vorwärts- und Zurückblättern erfolgen mit den üblichen Schaltsymbolen. Ein Navigationssystem am unteren Bildrand zeigt Ihnen, welche Aufgaben Sie schon gelöst haben und welche noch zu bearbeiten sind; so können Sie zu einem späteren Zeitpunkt per Mausklick direkt zu den noch offenen Fragen zurückkehren und sich an deren Lösung erneut versuchen.

Auch eine Hilfefunktion ist eingebaut, die Ihnen einen Hinweis zur Lösung der Aufgabe gibt. Wenn Sie die Aufgabe nur mithilfe dieser Funktion lösen können, wird Ihr Ergebnis allerdings nur mit der halben Punktezahl gewertet.

➡ SYSTEMVORAUSSETZUNGEN FÜR DIE CD-ROM

Windows: Intel® Pentium® III (Pentium 4 empfohlen)
○ Microsoft® Windows® XP Home, Professional oder Tablet PC Edition mit Service Pack 2 oder 3, Windows Server® 2003, Windows Vista® Home Premium, Business, Ultimate oder Enterprise (auch 64 Bit) mit Service Pack 1 oder Windows 7
○ 512 MB RAM (1 GB empfohlen)
Mac: Intel Core™ Duo oder schnellerer Prozessor
○ Mac OS X Version 10.4, 10.5 oder 10.6 (Snow Leopard)
○ 512 MB RAM (1 GB empfohlen)
Die meisten Teile des Programms werden bei Benutzung automatisch von der CD-ROM geladen. Ein kleiner Teil wird auf Ihre lokale Festplatte geschrieben, darunter natürlich die Ergebnisse Ihrer bereits absolvierten Tests und die erzielten Resultate der anderen Mitspieler.

Nach Abschluss eines Tests können Sie sich Ihre individuelle Auswertung ansehen, die nach den vier Themenbereichen grafisch aufgeschlüsselt ist. Ihre Prozentwerte werden als Diagramm dargestellt. So können Sie auf einen Blick Ihre starken und eventuell weniger starken Bereiche erkennen.

Vorbereitung und Durchführung

Nehmen Sie sich Zeit. Es ist Ihnen überlassen, wann und wo Sie die Aufgaben lösen – ob in der Bahn oder zu Hause auf dem Sofa. Am meisten profitieren Sie, wenn Sie sich ein Kapitel geschlossen und konzentriert vornehmen. Absolvieren Sie pro Tag nicht mehr als ein Kapitel. Das gilt auch für die Tests auf der CD-ROM, die Sie am Computer durchführen können. Diese Tests mit Zeitvorgabe kommen einer realen Testsituation ziemlich nahe. Zuerst sollten Sie daher die Aufgaben im Buch durcharbeiten.

Veranschlagen Sie etwa 90 Minuten für ein Kapitel. Die Summe der bei den Aufgaben genannten Zeiten übersteigt diese Vorgabe deutlich, Sie werden aber im Schnitt oft weniger Zeit benötigen. Sie können die Aufgaben in beliebiger Reihenfolge angehen.

Lösungen, Kopiervorlagen und Auswertung

Auf den Seiten 152–155 finden Sie als Kopiervorlagen vorgesehene Tabellen, in die Sie Ihre Antworten und Punktezahlen eintragen können. Als PDFs zum bequemen Ausdrucken sind sie auch auf der CD-ROM enthalten. Die Kurzübersicht der Lösungen auf Seite 158 ermöglicht Ihnen eine schnelle Überprüfung Ihrer Antworten. Bei davon abweichenden Antworten sollten Sie die jeweiligen Erläuterungen auf den Seiten 144–151 heranziehen und den Lösungsweg nachvollziehen.

Bei der Punktevergabe sind die Teilbereiche verschieden gewichtet, da die Anzahl der Aufgaben unterschiedlich ist. Für die Fragen aus dem Gebiet der sprachlichen Intelligenz wird meist je ein halber Punkt vergeben, was keineswegs heißt, dass sie weniger wichtig wären. Diese Wertung berücksichtigt nur die Anzahl. Umgekehrt erhalten die anderen Aufgaben einen Aufschlag von je einem halben Punkt. So lassen sich alle Ergebnisse wieder gut vergleichen. Aus den Listen zu den beiden Übungskapiteln können Sie entnehmen, wie sich Ihre möglichen Stärken und Schwächen verteilen. Der Schlusstest lässt, wenn Sie ihn mit der vorgesehenen Zeitbeschränkung von zweimal 90 Minuten absolvieren, eine genauere Bewertung zu, die Sie ab Seite 156 finden. Bitte beachten Sie dabei: Die Anzahl der Punkte ist keineswegs identisch mit irgendeinem IQ-Wert!

EINFACHE AUFGABEN

für den Einstieg

Mit leichteren Aufgaben aus den vier Bereichen sprachliche, logische, rechnerische und visuelle Intelligenz trainieren Sie Lösungsmethoden für die elementaren Strukturen, die üblicherweise bei Testaufgaben vorkommen – quasi als Bausteine für später. Je mehr Sie damit vertraut werden, desto leichter wird es Ihnen später fallen, kreativ damit umzugehen und durch Kombinieren auch komplexere Zusammenhänge zu entschlüsseln.

Aufwärmübungen fürs Gehirn

Das Gehirn ist wie ein Motor – es braucht Zeit, um warm zu werden und auf Touren zu kommen. Anfahren muss man im ersten Gang, und so beginnt das Training mit einfachen Aufgaben. Das ist bei offiziellen Tests nicht anders. Was aber heißt »einfach«? Hier scheiden sich die Geister. Sie werden sehen: Manche Aufgabe bereitet Ihnen Kopfzerbrechen, während Sie andere mühelos beantworten. Wie auch immer – lassen Sie sich nicht entmutigen, denn Übung macht den Meister. Wenn die folgenden Aufgaben zumeist als einfach gelten, dann deshalb, weil ihnen ein klares Strukturprinzip zugrunde liegt, beispielsweise eine Bildungsregel, die nur aus einer oder zwei einfachen Vorschriften besteht. Nach einigen Übungen, in denen Sie typische Muster kennenlernen, werden Ihnen die anschließenden Aufgaben nicht besonders schwer fallen.

Das Spiel mit der Sprache

Mit Wörtern umgehen – das gehört scheinbar zu den leichteren Übungen, zumal wenn es sich um die Muttersprache handelt. Diesen Themenbereich sollte man jedoch nicht unterschätzen. Zunächst kommen die elementaren Übungen. Was sind die typischen Fragestellungen? Immer dabei sind Aufgaben, in denen mehrere Begriffe vorgestellt werden und man herausfinden soll, welcher davon am wenigsten passt. Dabei kann es um Gemeinsamkeiten in der Bedeutung gehen – wie bei Aufgabe 1.

> **Welcher der Begriffe gehört nicht in die Reihe?**
> *AUFGABE 1*   a: Quadrat   b: Würfel   c: Dreieck   d: Rechteck   e: Kreis

Sehen Sie es sofort? Vier von den fünf genannten geometrischen Figuren sind zweidimensional, der Würfel ist jedoch ein Körper, also ein dreidimensionales Gebilde, und fällt somit aus der Reihe. Verstehen ist auch gefordert bei den Aufgaben 2 und 3.

> *AUFGABE 2*   a: rennen   b: spazieren   c: laufen   d: ankommen   e: gehen
> *AUFGABE 3*   a: Wein   b: Benzin   c: Öl   d: Alkohol   e: Wachs

Vier der fünf Verben in Aufgabe 2 bezeichnen eine Art der Fortbewegung – mal schneller, mal langsamer. Nur ein Verb hat damit nichts zu tun: d: ankommen. Bei Aufgabe 3 sollten Sie sich nicht in die Irre führen lassen durch die Wörter »Benzin«, »Öl« und »Wachs«, die chemisch natürlich etwas miteinander zu tun haben. Die Gemeinsamkeit der Wortgruppe ist allgemeiner: Es geht um Flüssigkeiten, und dann fällt »Wachs« (jedenfalls bei Zimmertemperatur) heraus. Aber Achtung! Beim Aussortieren eines nicht passenden Begriffs ist nicht immer die Bedeutung gefragt; so bei den Aufgaben 4 und 5.

> **AUFGABE 4**   a: Norden   b: blauäugig   c: Nase   d: neutral   e: nüchtern
> **AUFGABE 5**   a: Wald   b: Meer   c: Wolke   d: Luft   e: Sand

Die Begriffe sind scheinbar willkürlich kombiniert. Hier nach ähnlichen Bedeutungen zu suchen, damit sollten Sie keine Zeit verlieren. Aber was dann? In Aufgabe 4 haben Sie es vielleicht beim Lesen gespürt. Sie kennen den Trick aus Werbesprüchen oder auch Gedichten: Vier der fünf Begriffe fangen mit einem »n« an; man nennt das eine Alliteration. Das unter b. genannte Wort fällt also heraus. Mehr Gemeinsamkeiten gibt es nicht. Ähnlich verhält es sich auch mit der Aufzählung in Aufgabe 5. Eine Gemeinsamkeit von »Wald« und »Meer« sind die jeweils vier Buchstaben – und siehe da: Auch »Luft« und »Sand« passen ins Schema, nicht aber »Wolke« mit fünf Buchstaben. Bei den letzten beiden Aufgaben sind Ihr Sprachverständnis und Ihre Sprachkenntnis kaum gefordert – im Gegenteil: Es gilt zu erkennen, dass es gar nicht um das Verstehen von Wörtern und Sinnzusammenhängen geht, sondern um etwas rein Formales.

Auch ein weiterer beliebter Typ von Sprachaufgaben verlangt eher Buchstabenakrobatik als Tiefsinn. Dabei bekommen Sie Buchstabensalat serviert und eventuell einen Hinweis, was sich dahinter verbergen soll – hier sind es Körperteile.

> **AUFGABE 6**   a: MRA   b: EHZ   c: DNMU   d: EKIN   e: ROH

Bei drei, vier durcheinandergewirbelten Buchstaben geht das noch einigermaßen gut; die Schwierigkeit steigt jedoch stark, je mehr Buchstaben miteinander vertauscht sind. Mehr Buchstaben ermöglichen mehr Vertauschungen, wodurch das ursprüngliche Wort umso stärker verschleiert wird. Bei drei Buchstaben gibt es immerhin schon sechs Möglichkeiten, bei vier bereits 24, bei fünf 120 und bei sechs 720 Varianten. Wörter mit sieben Buchstaben sind nicht selten und bieten imposante 5.040 Varianten! Hier genügen fürs Erste kurze Wörter, bei denen Ihnen zum Lösen einmal kräftiges Durchmischen ausreichen sollte. Haben Sie die Körperteile erkannt (ARM, ZEH, MUND, KNIE, OHR)?

Eine etwas andere Art von Gehirnakrobatik ist gefordert, wenn Sie einen Fächer von Wortendungen präsentiert bekommen, die alle mit dem gesuchten Wortanfang kombiniert sinnvolle Wörter ergeben.

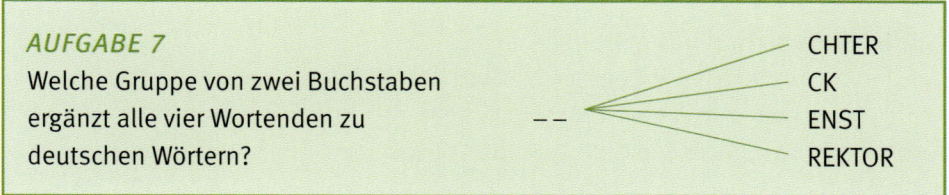

> **AUFGABE 7**
> Welche Gruppe von zwei Buchstaben
> ergänzt alle vier Wortenden zu
> deutschen Wörtern?
>
> – –   CHTER
>   CK
>   ENST
>   REKTOR

Zwei Buchstaben werden gesucht. Wichtig ist, sich die Vorgaben genau anzusehen: Wenn der zweite Wortteil mit einem Konsonanten beginnt, dann ist der geforderte vorangehende Buchstabe meist ein Vokal. Das Beispiel ist nicht schwierig. Schon der Versuch, das erste Wortfragment auszusprechen, könnte zur Lösung führen. Gesucht ist – Sie werden es erraten haben – das Buchstabenpaar »DI«. Der Aufgabentyp lässt sich umdrehen; es werden dann Wortanfänge angeboten, denen das gleiche Ende fehlt.

Nach dieser Wortschatzarbeit ist bei einem weiteren Aufgabentyp wieder mehr Verständnis gefordert. Gefragt wird hier nach gleichen oder ähnlichen Wortbedeutungen.

> **AUFGABE 8** Welches Wort hat die gleiche Bedeutung wie »logisch«?
> a: sachlich   b: wichtig   c: bewusst   d: empfehlenswert   e: folgerichtig

Da Logik etwas mit Folgerungen zu tun hat, scheint e gut zu passen. Eine gute Probe ist die sprachliche Verwendung: Können Sie etwas statt »logisch« ersatzweise auch »folgerichtig« nennen? Ja, das stimmt, also ist e richtig. Bei der folgenden Variante dieses Aufgabentyps geht es darum, Verhältnisse zu übertragen.

> **AUFGABE 9** Kreis verhält sich zu Quadrat wie Kugel zu …?
> a: Rechteck   b: Würfel   c: Pyramide   d: Dreieck   e: Zylinder

Nicht allzu schwer, oder? Wie schon in Aufgabe 1 geht es hier um geometrische Dimensionen. Da eine Kugel ein dreidimensionales Gebilde ist, ergibt sich als Entsprechung zum Quadrat natürlich der Würfel; b. ist also die richtige Antwort.

Muttersprachliches Verständnis ist schließlich bei Sprichwörtern gefordert, die gern in Tests verwendet werden. Hier geht es um die inhaltliche Bedeutung. Oft wird ein Sprichwort vorangestellt, und aus einer Auswahl von weiteren Sprichwörtern soll dasjenige bestimmt werden, dessen Aussage der des ersten am nächsten kommt.

> **AUFGABE 10** »Durch Schaden wird man klug.« Welcher Spruch sagt Ähnliches?
> a: Gebranntes Kind scheut das Feuer.
> b: Wer den Schaden hat, braucht für den Spott nicht zu sorgen.
> c: Am Schluss wird abgerechnet.
> d: Ein Unglück kommt selten allein.
> e: Es wird nichts so heiß gegessen, wie es gekocht wird.

Am nächsten kommt der Botschaft auf jeden Fall das Sprichwort a. Mit diesen Vorübungen sollten Sie gut gerüstet sein für die ersten sprachlichen Knobeleien.

Abstrakte Logik

Bei den Aufgaben, die das abstrakte logische Denken trainieren, kommen hauptsächlich geometrische Formen und – speziell in diesem Buch – auch Farben zum Einsatz. Bei der mathematischen Intelligenz hingegen sind Zahlen das Thema. Logisches Denken bedeutet, die richtigen Schlüsse aus Vorgaben zu ziehen. Es geht dabei um Verhältnisse wie Gleichheit oder Ungleichheit, um Verknüpfungen und deren Konsequenzen. Üblich ist etwa die Frage danach, was in einer Bildersequenz als nächstes zu stehen hätte oder welches Motiv eine Leerstelle in einem Tableau am korrekt ersetzt.

Konzentrieren Sie sich in Aufgabe 11 zunächst nur auf eine Farbe, nämlich Grün. Sie sehen, dass die Balken sich Stufe um Stufe absteigend grün färben. Was hier an die Stelle des Fragezeichens kommt, ist offensichtlich: Die grüne Farbe wandert in den untersten Balken. Das ist so einfach, dass es die grauen Zellen fast unterfordert. Etwas komple-

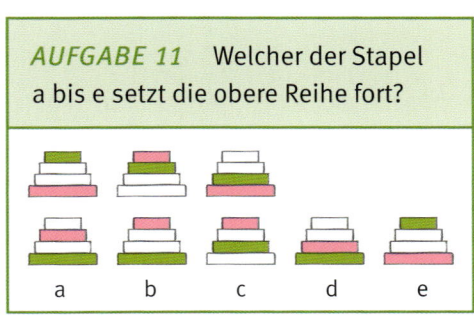

xer wird die Aufgabe – ohne wirklich schwierig zu werden –, wenn zugleich die zweite Farbe betrachtet wird: Die rote Farbe springt offenbar zwischen dem obersten und dem untersten Balken auf und ab; dieser Wechsel kommt zu der absteigenden Grünfärbung der Balken hinzu. Die Probe aufs Exempel: Beide Regeln lassen sich ohne Widersprüche kombinieren und setzen die Reihe logisch fort. Folglich – Sie werden es erraten haben – ist die Lösung: Der oberste Balken wird rot, der unterste grün.

Was mit dem grünen Rechteck in Aufgabe 11 geschieht, können Sie als Bewegung auffassen – ein Ansatz, der auch bei Aufgabe 12 hilft. Die zuerst senkrechten Schenkel »klappen« spiegelbildlich Bild für Bild nach unten, weshalb das Fragezeichen durch b zu ersetzen ist.

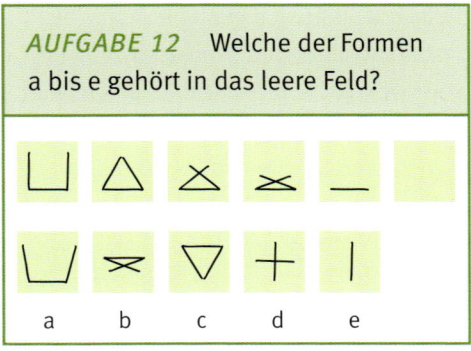

Innerhalb einer Aufgabe können Bewegungen in verschiedenen Richtungen und Geschwindigkeiten zusammenkommen und sich überlagern – so etwa das Kreisen der Uhrzeiger. Auch damit wird in vielen Aufgaben gern gespielt. Sie sollen immer die Regel erkennen, nach der sich die gezeigten Momentaufnahmen unterscheiden, und die Sequenz logisch richtig fortschreiben.

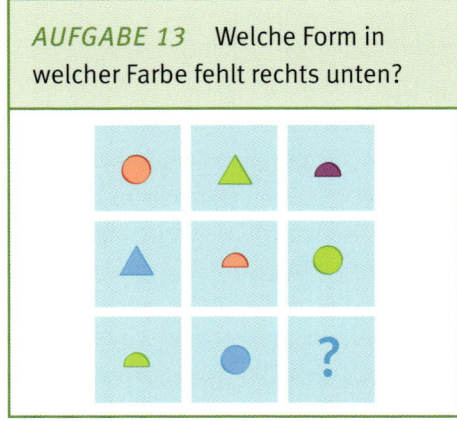

AUFGABE 13 Welche Form in welcher Farbe fehlt rechts unten?

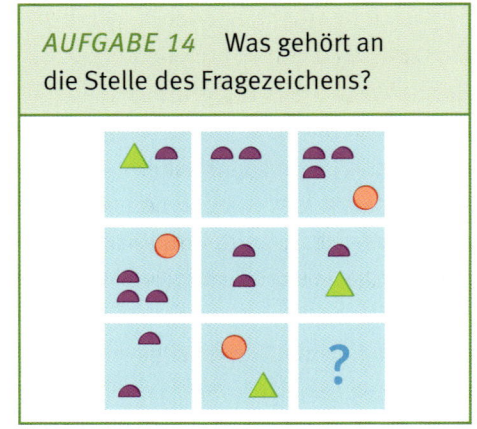

AUFGABE 14 Was gehört an die Stelle des Fragezeichens?

Eine gängige Aufgabe ist auch das Durchvariieren von Formen und z. B. Farben wie in Aufgabe 13. Da zwei der drei geometrischen Formen in allen drei Farben vorkommen, fehlt nur noch das rote Dreieck und ersetzt logischerweise das Fragezeichen.

In Aufgabe 14 sind die Zeilen von je drei Feldern maßgeblich. Die Elemente darin folgen einer Regel. Finden Sie sie? Wenn nicht, zählen Sie die Elemente: In Zeile 1 und 2 gibt es je einen roten Kreis, ein grünes Dreieck und sechs Halbkreise – willkürlich auf die Felder verteilt. Aber die Anzahl der Elemente pro Zeile bleibt gleich. Was folgt daraus für das Quadrat mit dem Fragezeichen? In der unteren Reihe gibt es den roten Kreis und das grüne Dreieck; was fehlt, sind vier der sechs Halbkreise.

Zahlen, die zählen

Der gekonnte Umgang mit Zahlen gehört zu den zentralen Fähigkeiten, die man gemeinhin mit Intelligenz in Verbindung bringt. Einen klassischen nummerischen Aufgabentyp bildet die Zahlenfolge, die einem Bildungsprinzip gehorcht, das Sie herausfinden sollen. Die einfachste Folge ist das Zählen nach dem Prinzip »addiere immer 1 dazu«; dieses liefert die elementarste aller Ziffernfolgen: 0, 1, 2, 3, 4, 5, 6, 7 ... Die Aufgaben in Tests und in diesem Buch sind natürlich etwas anspruchsvoller.

AUFGABE 15 2, 4, 6, 8, ... Welche Zahl setzt die Reihe folgerichtig fort?

Aufgabe 15 zeigt die Folge der geraden Zahlen, beginnend mit 2; die fehlende am Ende kann da nur die 10 sein. Auch dies wird Ihnen zu einfach sein. Aber manche Tests beginnen wirklich mit solchen elementaren Fragen, die Ihre grauen Zellen noch kaum fordern. Es geht natürlich anspruchsvoller: Sehen Sie die Regel in Aufgabe 16? Schauen Sie, in welchem Verhältnis je zwei benachbarte Zahlen stehen. Sie starten mit 2, die nächste

Zahl ist um 2 erhöht, der Nachfolger dieser Zahl wieder um 3 niedriger. Prüfen Sie, ob dies schon das Bildungsprinzip ist: Addie-

AUFGABE 16   2, 4, 1, 3, 0, 2, -1, …

ren Sie also wieder 2, erhalten das Ergebnis 3 und ziehen davon 3 ab, macht 0 – passt also. Die nächste Zahl ist daher -1, und gefragt ist nach …? Richtig, der 1! Noch sind Sie vielleicht unterfordert, aber dies sind ja nur die Aufwärmübungen. Sind mehrere Grundrechenarten kombiniert, wird es sogar für normale Intelligenztests rasch zu kompliziert. Ferner müssen nicht immer die benachbarten Zahlen in Beziehung stehen; es kann auch etwa die erste mit der dritten, die zweite mit der vierten verknüpft werden. Manchmal deuten Farbwechsel solche Zusammenhänge an.

Nur Addieren ist beim nächsten Aufgabentyp gefordert. Ein ganz einfaches Beispiel ist Aufgabe 17. Die Symbole stehen für unterschiedliche Zahlen. Bekannt sind nur die Summen der beiden letzten Zeilen, aber das genügt, um die Symbole zu erklären. Die Aufgabe ist einfach, da Sie nur zwei Zahlen suchen sollen. Was schließen Sie aus der 6 als Summe von 3 Sternen plus einem Sechseck? Die Sterne können nur 1 oder 2 bedeuten, aber 2 scheidet aus, da sonst der Kreis 0 wäre und die Summe in der letzten Zeile nicht 8, son-

AUFGABE 17   Für welche Zahlen stehen die Symbole?

dern 4. Also steht der Stern für 1, der Kreis für 3. Komplizierter werden solche Aufgaben, wenn mehr Symbole und Zahlen involviert sind und sich damit mehr Möglichkeiten eröffnen. Vorgegeben sind meist einige der Spalten- und Reihensummen. Oft werden nicht nur die einzelnen Zahlenwerte gesucht, sondern auch eine Zeilen- oder Spaltensumme. Die generelle Vorgehensweise: Nehmen Sie sich zuerst die Zeile oder Spalte vor, in der ein Symbol am häufigsten auftritt und für die eine möglichst kleine Summe angegeben ist – wie hier die Zeile mit den drei Sternen. So können Sie leicht eingrenzen, welche Zahlen für das Symbol überhaupt in Frage kommen. Wenn es sich nicht gerade um die sehr einfache Situation handelt, dass vier gleiche Symbole vorliegen – dann muss ja die Summe nur durch vier geteilt werden und Sie haben bereits die erste Zahl –, dann ergibt die Einschätzung eines Zahlenwerts immer auch einen möglichen Wert eines anderen Symbols. Und dann heißt es meist probieren, am besten auch hier wieder eine Spalte oder Reihe, in der die bereits eingekreisten Symbole möglichst häufig vorkommen. Nach einigen Versuchen mit den Summenangaben und Symbolen in den anderen Zeilen und Spalten findet man meist rasch die Lösung.

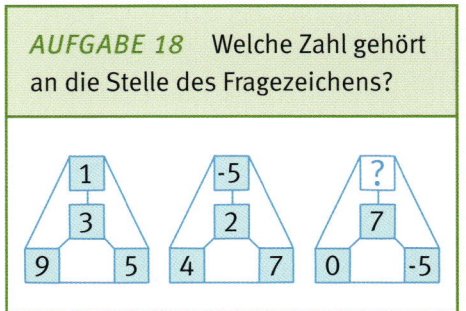

AUFGABE 18   Welche Zahl gehört an die Stelle des Fragezeichens?

Werden mehrere Zahlen verbunden, sind sie in der Regel durch Rechenschritte verknüpft. Manchmal sind es je vier Zahlen wie in Aufgabe 18, manchmal fünf oder mehr. Versuchen Sie es einfach mal mit Addieren: 5 + 3 + 1 ergibt tatsächlich 9, klappt das auch mit der zweiten Gruppe von Zahlen? 7 + 2 − 5 ergibt 4, passt also. Welche Zahl muss zu -5 + 7 addiert

werden, damit als Ergebnis 0 herauskommt? Antwort: -2. Das war relativ einfach, aber nicht immer sind die Verhältnisse so durchsichtig.

AUFGABE 19   Welche Zahl gehört an die Stelle des Fragezeichens?

Kreise, Quadrate oder andere Figuren setzen Zahlen zueinander in Beziehung, im Kreis beispielsweise in benachbarten oder gegenüberliegenden Sektoren. Das Vorgehen ist hier dasselbe wie bei allen Zahlenfolgen. Allerdings können sich hier zwei oder mehr Folgen überlagern und aufeinander Bezug nehmen – etwa in einem Außen- und einem Innenkreis. Es muss auch nicht immer die erste mit der zweiten Zahl in einem direkten Zusammenhang stehen. In Aufgabe 19 wird im ersten, dritten, fünften usw. Sektor hochgezählt, während es in den geradzahligen

Sektoren von 9 aus rückwärts geht. Das Fragezeichen ersetzt also eine 3. Oder Sie sehen die Regel darin, dass abwechselnd 2 addiert und abgezogen wird, um die jeweils im gegenüberliegenden Sektor stehende Zahl zu bilden, was im Ergebnis ebenfalls zu einer 3 führt. Aber Achtung! Die Zahlen folgen bei solchen Aufgaben nicht immer ringsherum von Sektor zu Sektor einem Strukturprinzip. Manchmal stehen Zahlen in den Tortenstücken, die nur mit den jeweils gegenüberliegenden Sektoren durch irgendeine Regel verbunden sind: Umkehrung der Ziffernfolge, Halbierung, Verdoppelung, Addition oder Subtraktion eines festen Wertes usw. Mitunter ist der Kreis in Halbkreise geteilt, in denen jeweils Unterschiedliches mit den Zahlen passiert. So könnten alle Zahlenwerte des einen Halbkreises in den jeweils gegenüberliegenden Sektoren des anderen verdoppelt oder halbiert sein. Die Gesetzmäßigkeit können Sie nur austesten. Es kann auch mehr gefordert sein als die Grundrechenarten – etwa das Wurzelziehen. Die 16 ist beispielsweise das Quadrat von 4, die 49 das von 7.

Um nicht zu viel Zeit mit Rechnen zu verlieren, sollten Sie die Quadratzahlen zumindest der Zahlen von 2 bis 12 im Kopf haben. Ist das nicht der Fall, lernen Sie sie bitte auswendig: 4, 9, 16, 25, 36, 49, 64, 81, 100, 121, 144. Neben den Grundrechenoperationen inklusive Quadrat und Wurzel kommt oft die Quersumme vor – die Summe aller Ziffern einer Zahl. Bei 143 hieße dies $1 + 4 + 3$, also 8. Wie es bei den sprachlichen Aufgaben nicht immer um Inhaltliches geht, verbergen sich hinter Zahlen nicht unbedingt Rechenoperationen. So wie dort der Anfangsbuchstabe oder die Wortlänge das Kriterium sein können, kann es hier die Endziffer sein oder die Anzahl der Stellen. Wenn eine Menge von Zahlen besonders chaotisch aussieht und sie nach langem Herumprobieren auf keine Rechenregel gestoßen sind, werfen Sie also einen Blick auf diese formalen Aspekte. Bei solchen nummerischen Aufgaben sind oft Lösungsalternativen vorgegeben. Wenn Sie bei einer gegebenen Menge von dreistelligen Zahlen gefragt werden, welche der vorgeschlagenen Zahlen dazu passt und Sie dort nur eine einzige dreistellige finden, dann ist das mit großer Wahrscheinlichkeit die gesuchte Zahl.

Visuelle Rätsel

Hier ist Ihre räumliche Vorstellungskraft gefragt – die Fähigkeit, vor Ihrem geistigen Auge Abbildungen zu drehen und zu wenden. Ein übliches Motiv ist der Würfel. Doch während beim üblichen Spielwürfel die Zahlenwerte einander gegenüberliegender Seiten zusammengerechnet immer

AUFGABE 20 Welche Würfelstellung ersetzt das Fragezeichen?

7 ergeben, kann hier die Gestaltung des Würfels völlig anders sein. In Aufgabe 20 wird ein üblicher Spielwürfel nur in eine Richtung gedreht, nämlich nach rechts gekippt. Die Frontseite mit der 5 bleibt stets gleich. Deshalb wiederholt sich die erste Position, und die 6 liegt an der Stelle des Fragezeichens wieder obenauf.

Ein ähnliches Spiel lässt sich mit Farben machen; so in Aufgabe 21. Erkennen Sie den Unterschied zu Aufgabe 20? Der Würfel wird hier nicht nach rechts gekippt, sondern im Uhrzeigersinn horizontal gedreht. Am Ende steht auch hier wieder die Ausgangsposition. Diese einfachen Veränderungen genügen als Einstieg. Sie werden später wesentlich komplexere Kombinationen von Dreh- und Kippbewegungen kennenlernen. Und mit Würfeln lässt sich noch weit mehr anstellen.

AUFGABE 21 Welche Würfelstellung ersetzt das Fragezeichen?

AUFGABE 22 Welche Faltvorlage passt zu welchem Würfel?

Beliebt sind Schnittmuster, die man in Gedanken zu einem Würfel falten soll. So wird der zur Vorlage passende Würfel oder umgekehrt die zum Würfel passende »Abwicklung« ermittelt. Eine ganze Reihe von Grundmustern eignet sich dafür als Vorlage. Von einem abgebildeten Würfel sind maximal drei Seiten sichtbar. Achten Sie deshalb genau darauf, welche Seiten einander benachbart sein können. Das ändert sich natürlich je nach Bauprinzip. Im Beispiel Aufgabe 22 sehen Sie zwei Würfel, die auf der Ihnen zugewandten Seite die Ziffer 1 zeigen. In beiden Faltvorlagen sind die Ziffern 1, 2 und 3 gleich orientiert – in der normalen senkrechten Position. Was würde aber beim Falten passieren? Welcher der beiden Würfel gehört zu welcher Vorlage? Versuchen Sie, die beiden Muster im Kopf zusammenzubasteln; für die Lösung der Aufgabe genügt es, nur den Teil mit den Ziffern zu betrachten. Wenn es Ihnen gelingt, dann werden Sie die Würfel leicht zuordnen können: Der kreuzförmige Bauplan links passt nur zum linken Würfel. Alle Ziffern haben hier ihre Orientierung zueinander behalten. Das rechte Faltschema führt hingegen dazu, dass die 3 aus Sicht des Betrachters um 90 Grad im Uhrzeigersinn gekippt erscheint. Dies sind nur zwei unter vielen würfeltauglichen Faltmustern. Weitere werden Sie später kennenlernen.

In einem anderen Aufgabentyp wird verlangt, kompliziertere dreidimensionale Gebilde zu beurteilen, die zweidimensional dargestellt sind. Gegeben sind zum Beispiel ein

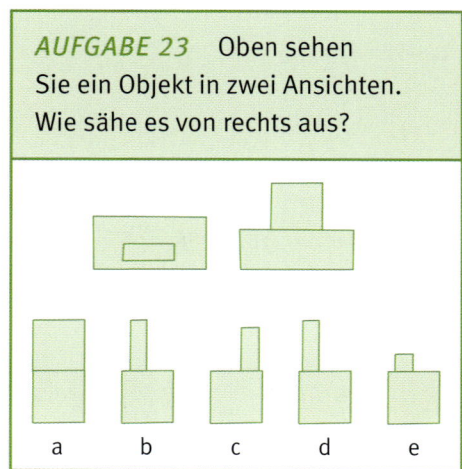

AUFGABE 23 Oben sehen Sie ein Objekt in zwei Ansichten. Wie sähe es von rechts aus?

Grundriss, also eine Art Bauplan, und eventuell eine zweite Ansicht eines Objekts, das Sie sich als einen dreidimensionalen Körper vorstellen sollen. Auf der Grundlage dieser Vorgaben sollen Sie auf die richtige von mehreren weiteren Ansichten desselben Objekts schließen. So zum Beispiel in Aufgabe 23: Mithilfe der Draufsicht und der Vorderansicht sollen Sie bestimmen, wie das Gebilde aussähe, würde man es von rechts betrachten. Welche der fünf Varianten stimmt? Die Lösung ist Zeichnung b.

Ein weiterer Aufgabentyp hat Kongruenz (Deckungsgleichheit) und Inkongruenz oder Symmetrie und Asymmetrie zum Thema. In einer Folge von Figuren, die beispielsweise in verschiedenen Winkeln gezeigt werden, fällt ein Element aus der Reihe, weil es gespiegelt ist. Voraussetzung für diese Feststellung ist immer, dass

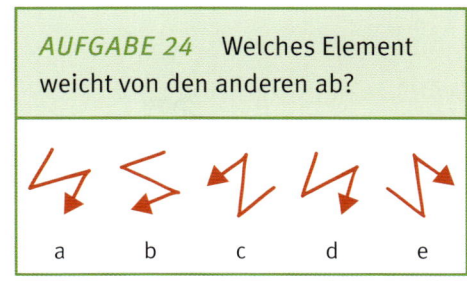

AUFGABE 24 Welches Element weicht von den anderen ab?

a   b   c   d   e

das Grundelement eine Orientierung aufweist, also beispielsweise eine rechte und eine linke Seite eindeutig unterscheidbar sind. Bei einem geraden Pfeil kann man Drehung und Spiegelung nicht unterscheiden, denn jede gespiegelte Position ist stets auch durch eine Drehung erreichbar und umgekehrt. Orientiert ist hingegen ein Pfeil mit mehreren Zacken. Wenn ein solcher Pfeil gedreht wird, dann ist seine gespiegelte Variante nicht immer auf Anhieb zu erkennen. In Aufgabe 24 sollen Sie eine solche versteckte Form aufspüren. Haben Sie herausgefunden, welcher Pfeil aus der Reihe tanzt? – Es ist c.

Im Anschluss finden sie das Kapitel der leichteren Übungsaufgaben – auf jeder Doppelseite je eine aus den vier Themenkreisen Sprache, abstrakte Logik, Zahlen und visuelle Intelligenz. Nach der Vorarbeit sind Sie gut gerüstet. Also viel Spaß beim Lösen!

➡ ZUSAMMENFASSUNG

Aufgaben zur Sprache: Meist geht es um Bedeutungen und ihre Oberbegriffe, Gemeinsamkeiten und Ausschlusskriterien. Doch manchmal ist auch rein Formales entscheidend wie die Anzahl der Buchstaben, ein einheitlicher Anfangsbuchstabe oder Ähnliches.

Abstrakte Logik: Meist bekommen Sie eine Serie von grafischen Formen, die ein Bildungsprinzip haben: Möglich sind beispielsweise Bewegungsmuster, durchgetauschte Formen und Farben oder eine feste Anzahl von Elementen, die nur verschieden arrangiert sind.

Nummerische Aufgaben: Bei Zahlenfolgen prüfen Sie zuerst durch Anwenden der Grundrechenarten, wie aufeinander folgende Zahlen miteinander verknüpft sind. Im Fall von Summenquadraten empfiehlt es sich, mit einer Spalte oder Zeile anzufangen, die ein Symbol möglichst oft enthält und eine möglichst kleine Summe hat. Bei Zahlenkreisen sind häufig die Werte in gegenüberliegenden Sektoren rechnerisch miteinander verbunden. Sie können aber auch rundum von Sektor zu Sektor verknüpft sein.

Visuelle Aufgaben: Zu den Standardübungen zählen Faltmuster für Würfel. Beachten Sie dabei immer, welche Seiten benachbart sein können und welche nicht. Ebenfalls beliebt sind Spiegelungen und verschiedene Ansichten von 3-D-Objekten.

01

Welcher der Begriffe a bis e fällt jeweils aus der Reihe?

1. a: Karpfen
b: Thunfisch
c: Goldbarsch
d: Hering
e: Kabeljau

2. a: Paris
b: London
c: Kalkutta
d: Amsterdam
e: Berlin

3. a: Birke
b: Ahorn
c: Eiche
d: Buche
e: Eibe

4. a: Schrank
b: Kommode
c: Regal
d: Fernseher
e: Sessel

02

Welche der Formen a bis e setzt die obere Reihe folgerichtig fort?

a   b   c   d   e

03

Welcher der Würfel a bis e gehört folgerichtig an die Stelle des Fragezeichens?

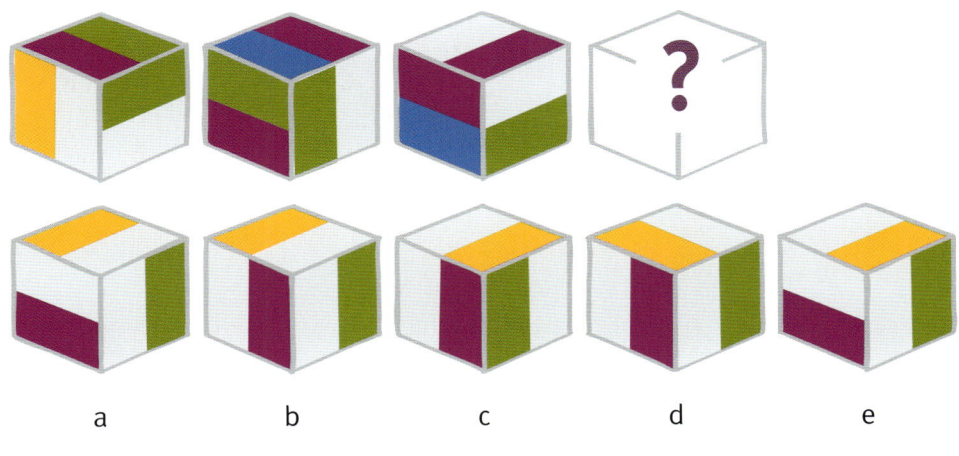

| a | b | c | d | e |

04

Welche Zahlen setzen die vier Reihen jeweils passend zu ihrem Bildungsprinzip fort?

1.	**2.**	**3.**	**4.**
-4	1	1	1
-3	1	4	3
-1	2	9	5
2	3	16	7
3	5	25	9
5	8	36	?
?	?	?	

05

Welche Zahl müsste an der Stelle des Fragezeichens stehen?

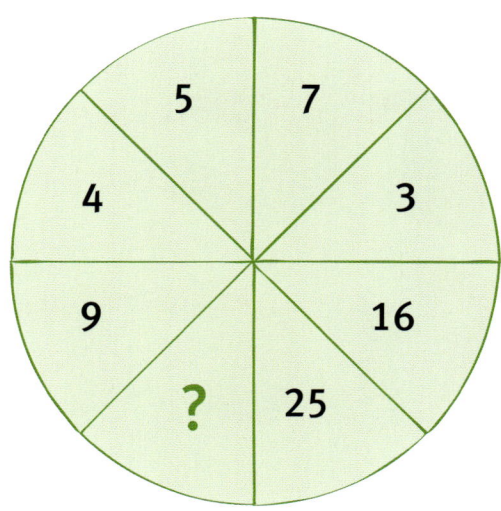

06

Buchstabensalat: Welche vier Tierbezeichnungen lassen sich aus diesen vier Buchstabengruppen bilden?

1. SAMU   **2.** GEIL   **3.** FEAF   **4.** MRUW

07

Welches der Symbole a bis e gehört jeweils nicht in seine
Reihe und fällt also aus dem Rahmen?

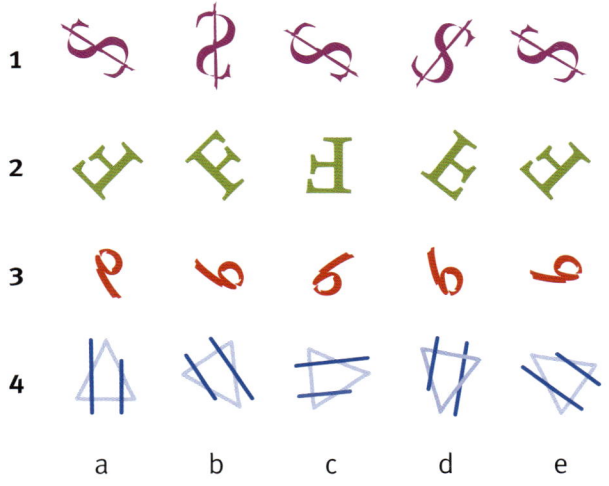

a   b   c   d   e

08

Welches der Quadrate a bis e gehört folgerichtig an die Stelle
des Fragezeichens?

a   b   c   d   e

09

Welches der Symbole a bis e ersetzt folgerichtig das Fragezeichen auf der rechten Seite der Gleichung?

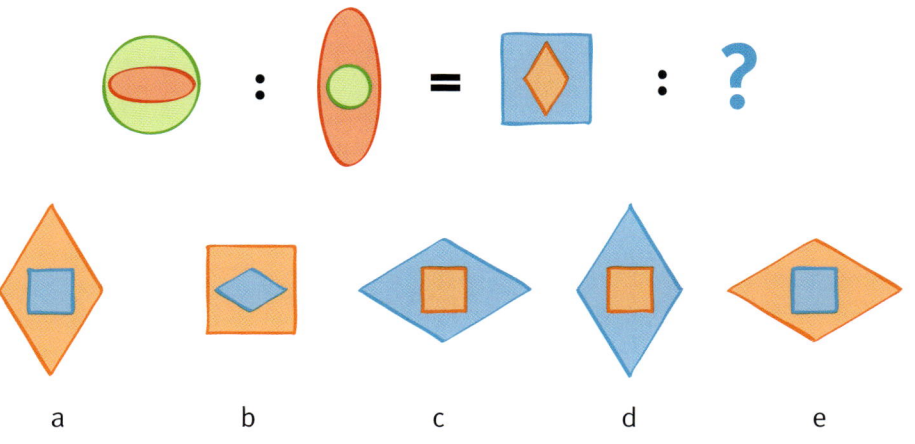

a	b	c	d	e

10

»Ehrlich währt am längsten.«

Welches der Sprichwörter a bis e kommt dem Sprichwort oben inhaltlich am nächsten?

a: Der Schein trügt.

b: Ein Bild sagt mehr als tausend Worte.

c: Lügen haben kurze Beine.

d: Frechheit siegt.

e: Gut verpackt ist halb verkauft.

11

Welche Zahlen sind als Spalten- bzw. Reihensumme an die
Stellen der Fragezeichen zu setzen?

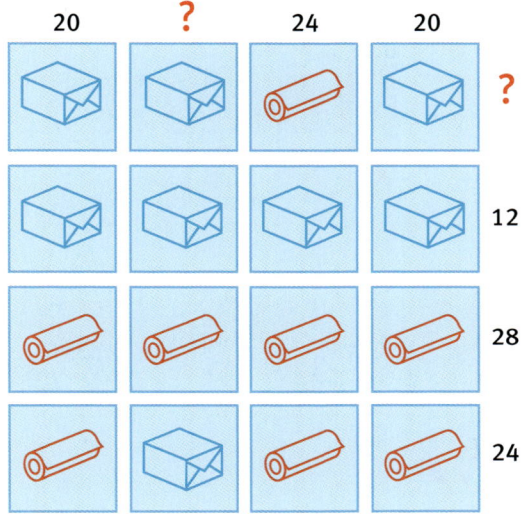

12

Welchem der Würfel a bis e liegt die
Faltvorlage rechts zugrunde?

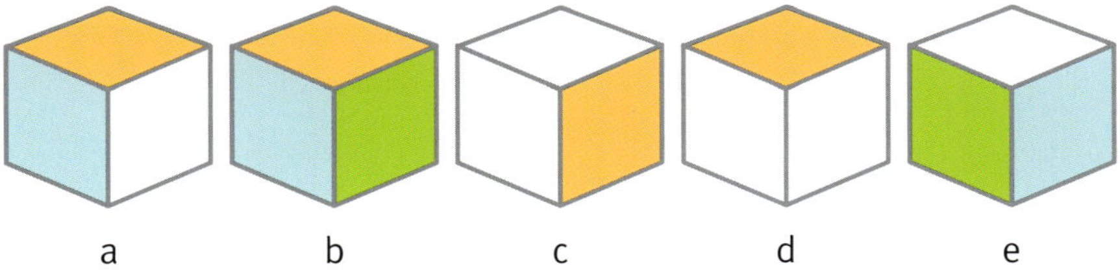

a   b   c   d   e

13

Welche der Figuren a bis e passt logisch am besten zur vorgegebenen oberen Figur?

a   b   c   d   e

14

Welcher der Begriffe a bis e fällt jeweils aus der Reihe?

1.
a: Hass
b: Liebe
c: Gleichgültigkeit
d: Gewinn
e: Gelassenheit

2.
a: Salz
b: Pfeffer
c: Mehl
d: Thymian
e: Salbei

3.
a: Medizinball
b: Lastwagen
c: Haus
d: Berg
e: Diamant

4.
a: Bier
b: Wein
c: Wasser
d: Öl
e: Sekt

15

Welches der »Zahlenkleeblätter« a bis e gehört an die Stelle
des Fragezeichens auf der rechten Seite der Gleichung?

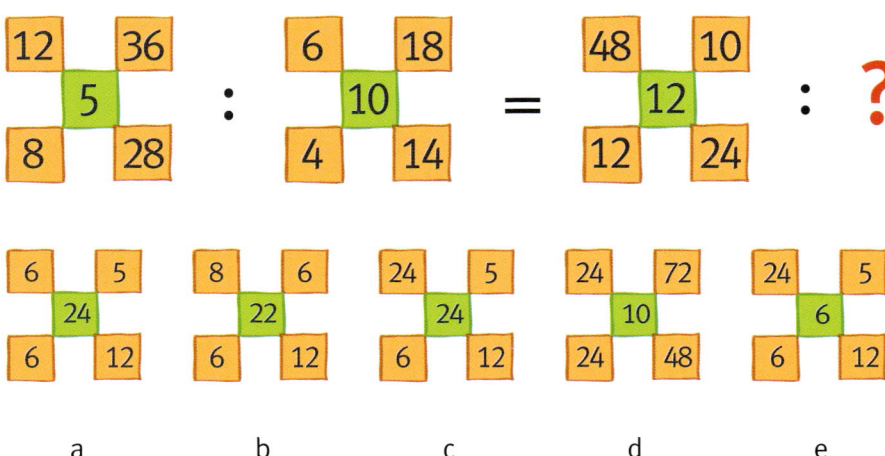

| | a | b | c | d | e |

16

Welchem der Würfel a bis e liegt die
Faltvorlage rechts zugrunde?

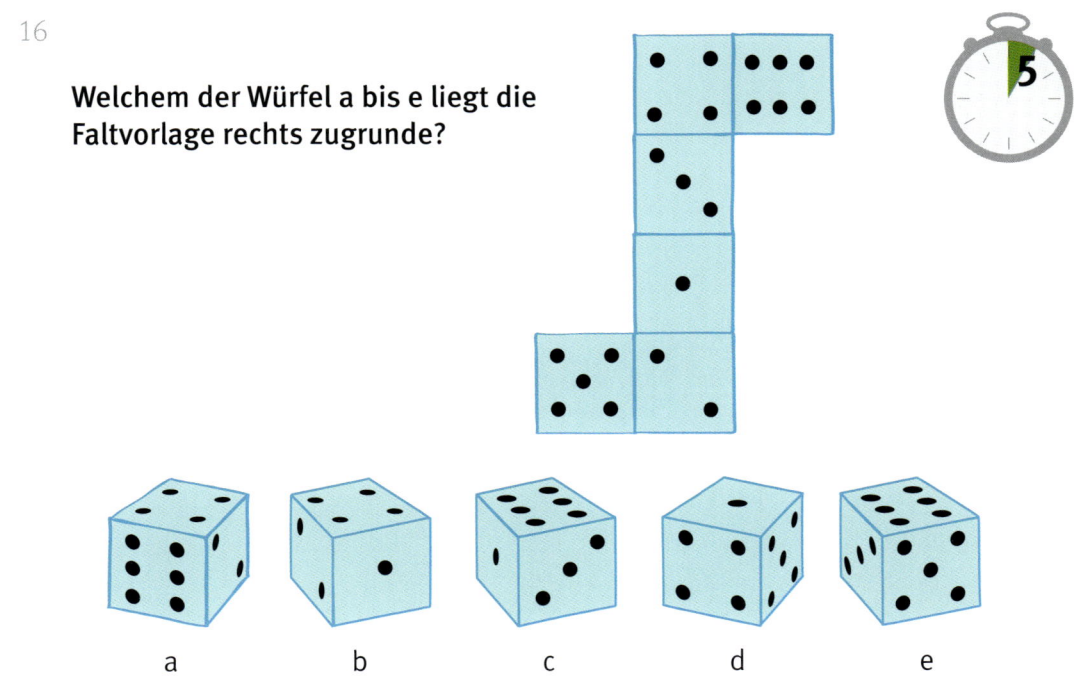

a   b   c   d   e

17

Welche Zahl müsste an der Stelle des Fragezeichens stehen?

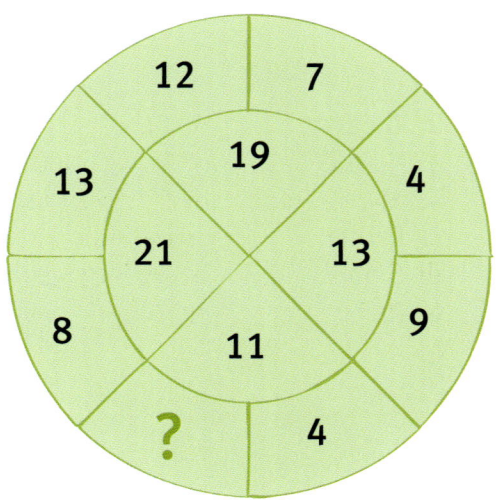

18

Welche der Figuren a bis e setzt die Reihe an der Stelle des Fragezeichens logisch fort?

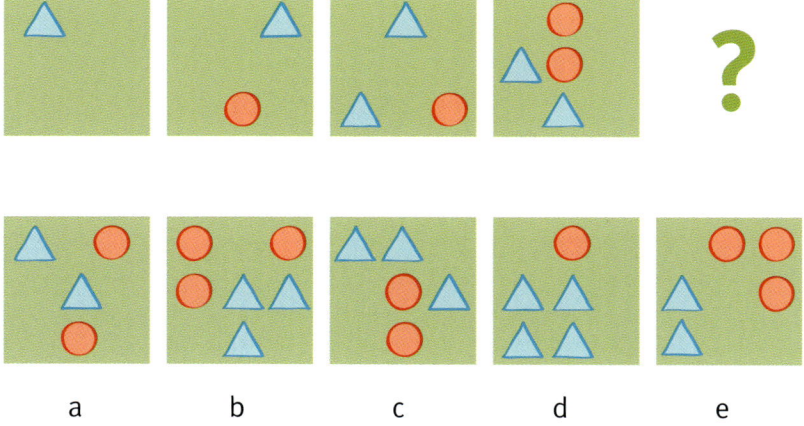

19

Welches der Wörter a bis e passt jeweils am besten zu dem fett gedruckten vorgegebenen Wort?

1. vorsichtig
a: sicher
b: maßvoll
c: höflich
d: behutsam
e: diskret

2. Geld
a: Vorteil
b: Menge
c: Rarität
d: Sinn
e: Preis

3. Schutz
a: Erziehung
b: Optimismus
c: Garantie
d: Geborgenheit
e: Hilfe

4. Wurst
a: Wien
b: Mannheim
c: Hamburg
d: Berlin
e: Dresden

20

Wie viele einzelne Dreiecke zeigt die abgebildete Figur?

21

Welche Zahl müsste folgerichtig an der Stelle des Fragezeichens stehen?

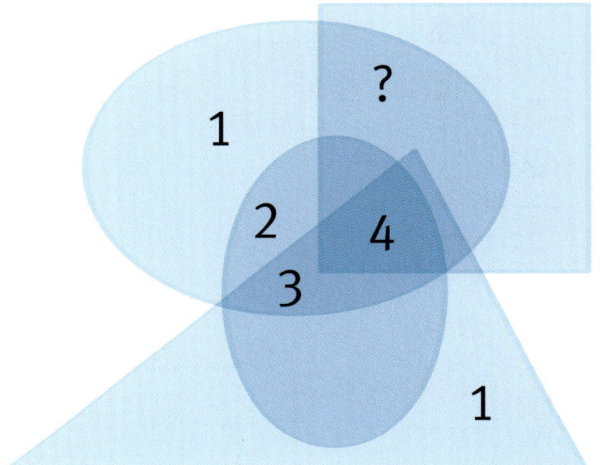

22

Welche der Draufsichten a bis e zeigt den rechts perspektivisch abgebildeten Körper?

a b c d e

23

Welches der Gebilde a bis e ist logisch korrekt an die
Stelle des Fragezeichens zu setzen?

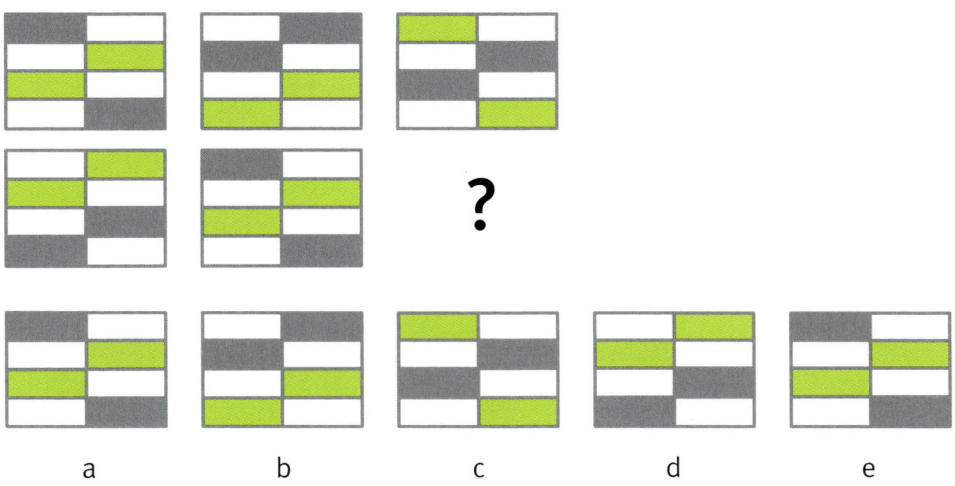

24

Welche Buchstaben verbergen sich hinter den Symbolen
und wie lautet der entschlüsselte Text?

25

**Welches der »Zahlenkleeblätter« a bis e ersetzt korrekt
das Fragezeichen auf der rechten Seite der Gleichung?**

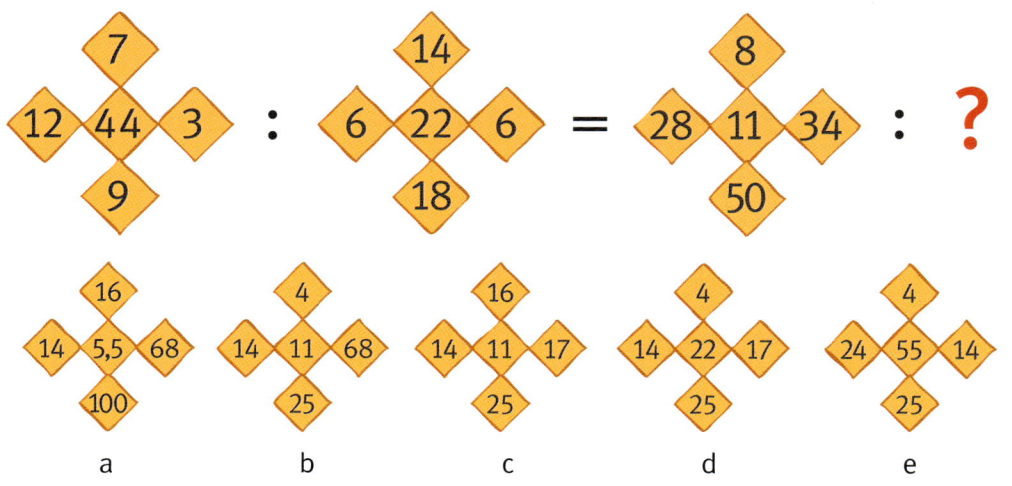

a   b   c   d   e

26

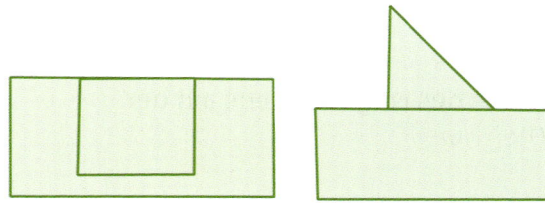

**Oben sehen Sie die Draufsicht und die Vorderansicht eines Objekts.
Welche der Ansichten a bis e zeigt denselben Gegenstand von rechts?**

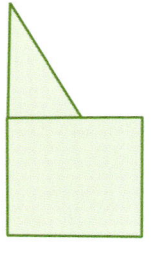 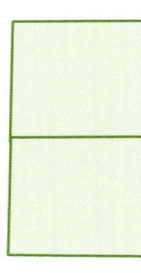   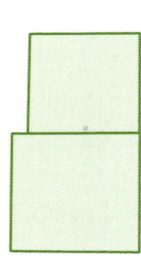

a   b   c   d   e

27

Welches der Quadrate
a bis e müsse folgerichtig
an der Stelle des Frage-
zeichens stehen?

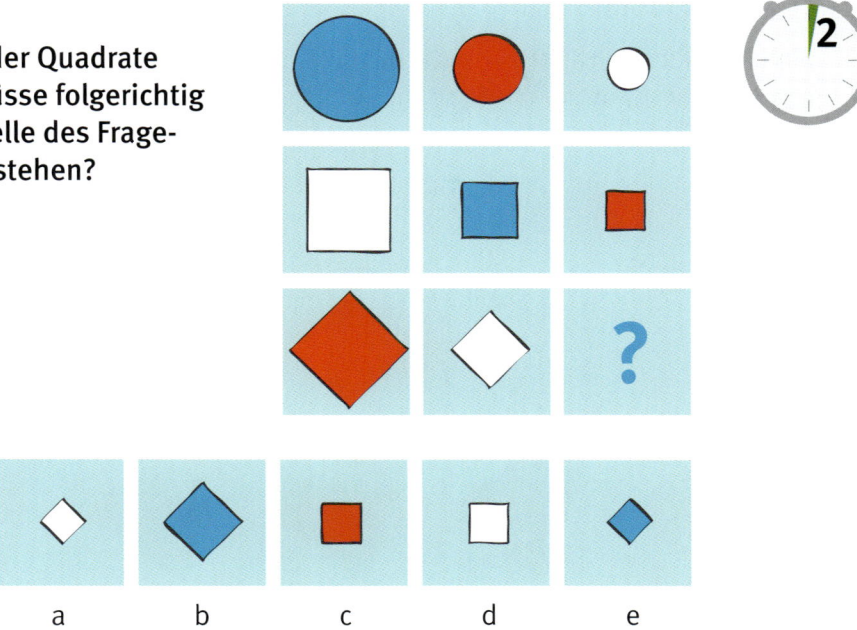

a   b   c   d   e

28

Welches der Wörter a bis e passt jeweils sinngemäß
am besten an die Stelle des Fragezeichens auf der
rechten Seite der Gleichung?

1. **schreiben : Brief = malen : ?**
    a: Kunstwerk   b: Bild   c: Skizze   d: Fotografie   e: Karikatur

2. **überzeugen : überreden = wissen : ?**
    a: überrumpeln   b: erkennen   c: garantieren   d: glauben   e: anstacheln

3. **Kampf : Krieg = Unglück : ?**
    a: Unfall   b: Ausnahmesituation   c: Tsunami   d: Sturm   e: Katastrophe

4   **Lehrer : Schüler = Eltern : ?**
    a: Kind   b: Tochter   c: Vater   d: Sohn   e: Baby

29

Welches der Dreiecke a bis e gehört an die leere Stelle in dem Zehneck?

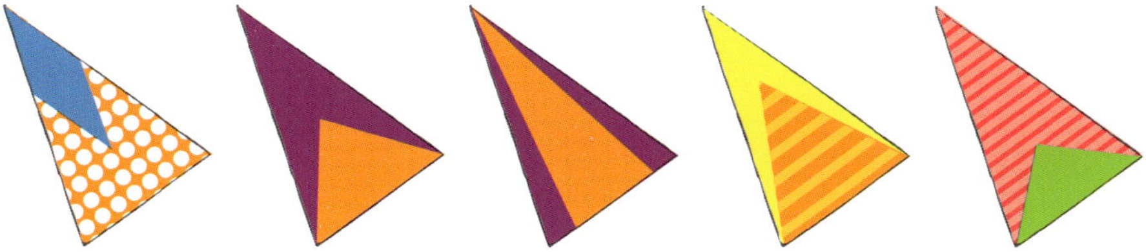

a   b   c   d   e

30

Welche der Zahlen a bis e passt logisch zu der Gruppe von Zahlen im Oval?

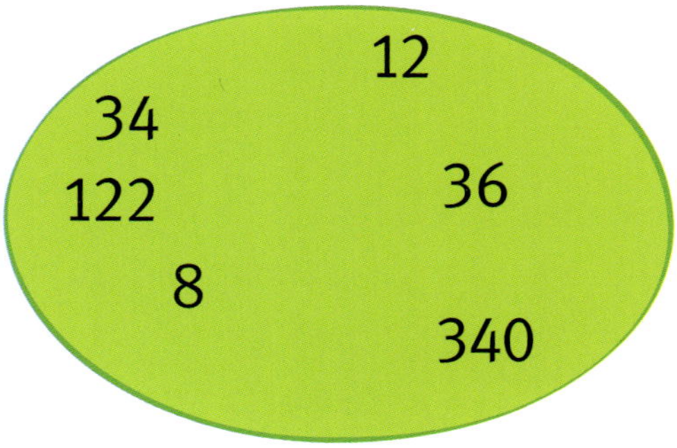

12
34
122   36
8
340

101	4	89	403	27
a	b	c	d	e

31

Wie viele gebräuchliche deutsche Wörter verbergen
sich in der folgenden Buchstabenkette?

AALAASAKTAMTRABTALBARTASTALL

a: 11   **b:** 9   **c:** 14   **d:** 20   **e:** 15

32

Welcher der Würfel a bis e
kann aus der Faltvorlage
rechts gebaut werden?

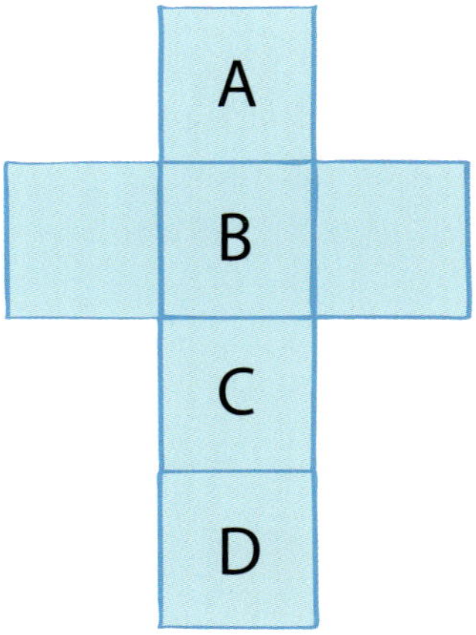

A

B

C

D

a   b   c   d   e

33

Welches der Zahlenpaare a bis e setzt die obere Reihe an der Stelle des Fragezeichens folgerichtig fort?

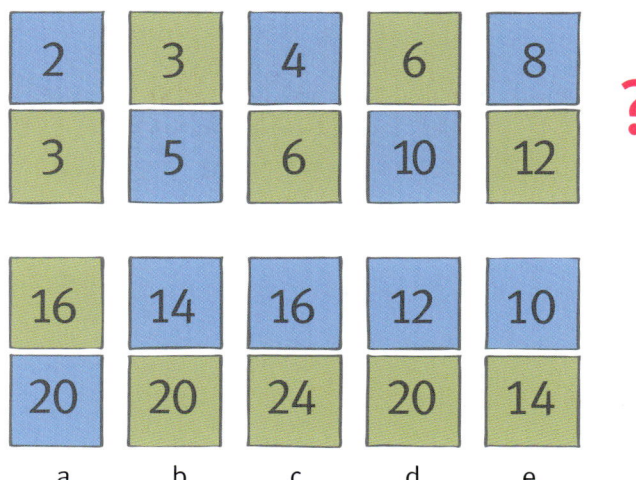

2	3	4	6	8	**?**
3	5	6	10	12	

16	14	16	12	10
20	20	24	20	14

a   b   c   d   e

34

Aus welcher der Faltvorlagen a bis e lässt sich der rechts gezeigte Würfel nicht falten?

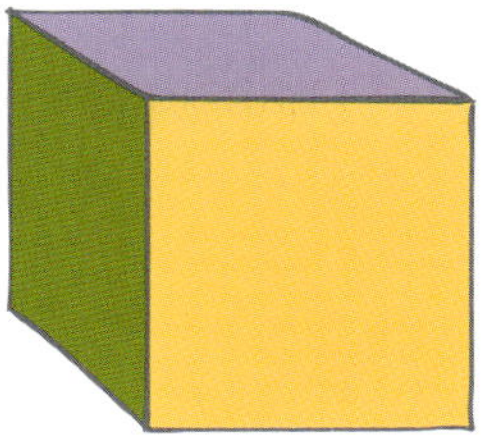

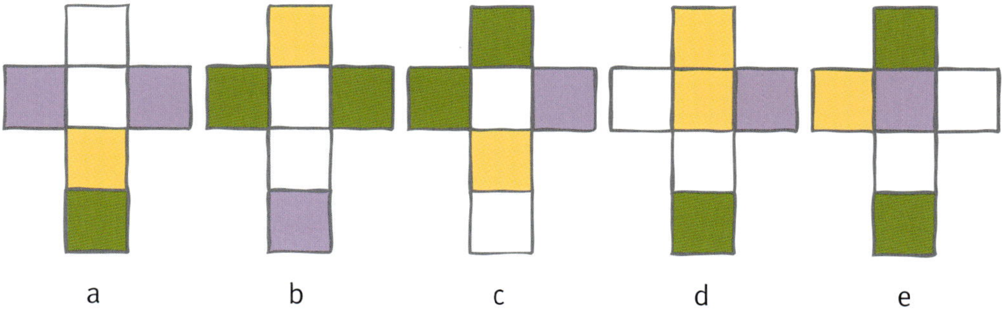

a   b   c   d   e

35

Welches der Quadrate
a bis e würde die Stelle
des Fragezeichens logisch
korrekt füllen?

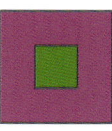  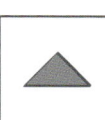 

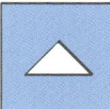  

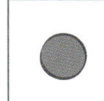  

 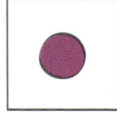  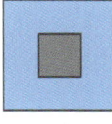 

a   b   c   d   e

36

Welches Buchstabenpaar ergänzt alle Endungen
gleichermaßen zu ganzen Wörtern?

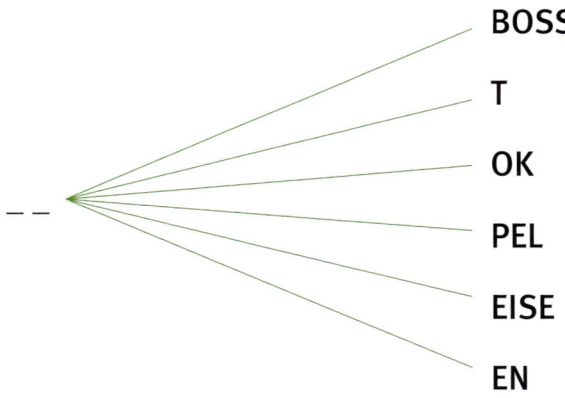

BOSS

T

OK

PEL

EISE

EN

37

Welches der Quadrate a bis e ist folgerichtig an die Stelle des Fragezeichens zu setzen?

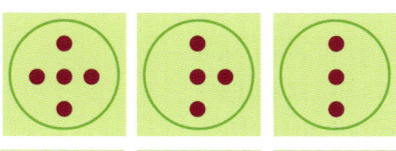

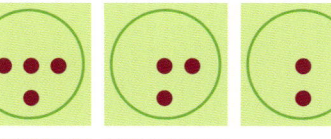

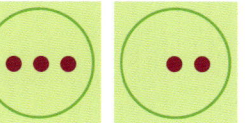 

 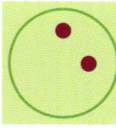 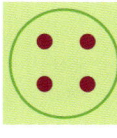 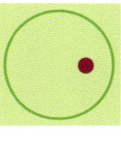 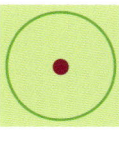

a b c d e

38

Welches Buchstabenpaar ergänzt alle Endungen gleichermaßen zu existenten Wörtern?

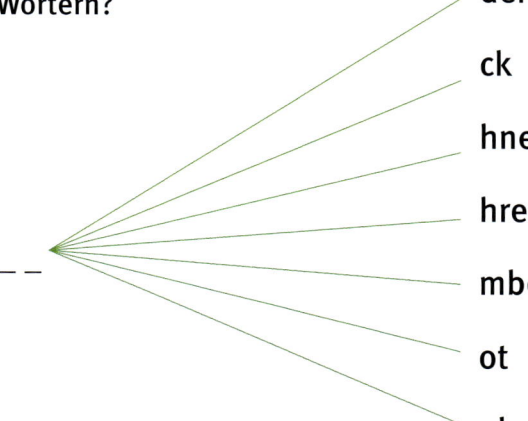

den

ck

hne

hren

mbe

ot

nbon

– –

39

Welcher der Würfel a bis e
kann aus der Faltvorlage
rechts gefaltet werden?

a b c d e

40

Welche Zahl ist als Zeilensumme für die Stelle des
Fragezeichens zu errechnen?

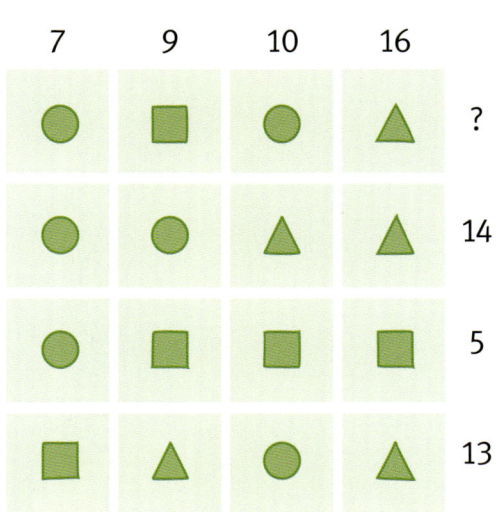

MITTEL-SCHWERE BIS SCHWERE AUFGABEN

Hier geht's zur Sache

Die ersten Hürden haben Sie genommen und sich mit den prinzipiellen Denkmustern vertraut gemacht. Nun ist es an der Zeit, in die höheren Gefilde aufzusteigen. Auch hier geht es sachte mit überschaubaren Aufgaben los; dann steigert sich die Schwierigkeit langsam.

Sollten Sie nicht alle Lösungen finden, ist das keine Schande, denn einige Knobeleien sind so schwer, dass sie auch in normalen Intelligenztests nicht vorkommen. Aber versuchen Sie sich daran, denn Nachdenken macht Spaß und trainiert!

Bereit zum Durchstarten?

Jetzt haben Sie sich warm gelaufen, die kleinen grauen Zellen feuern einander zu und sind begierig nach mehr. Das ist genau die richtige Haltung, mit der Sie sich an die etwas anspruchsvolleren Fragen herantrauen sollten. Auch hier stehen die ganz harten Nüsse nicht am Anfang – eine gewisse Steigerung muss ja sein.

Sprachliche Etüden

Zu den gängigen Fragentypen gehört auch hier die Suche nach einem logisch passenden Oberbegriff wie in Aufgabe 1.

AUFGABE 1   **Was ist der passende Oberbegriff für die beiden Wörter?**
Arterie   Vase

Die zwei Wörter liegen thematisch weit auseinander. Aber dies macht es leichter, zu abstrahieren und die Gemeinsamkeit zu erkennen. Die gesuchte Kategorie ist »Gefäß«.

Bei den »Buchstabendrehern« gibt es hier die Variante, dass ein nicht passender Begriff herausgefiltert werden soll wie in Aufgabe 2. Sobald Sie die Lösung identifiziert haben, sollten Sie sich – bei einem echten Test – mit den restlichen Lösungsangeboten nicht mehr aufhalten. Hier können Sie sich zur Übung alle Varianten vornehmen.

AUFGABE 2   **Welche der folgenden Städte liegt nicht in Deutschland?**
a: LEINRB   b: NONOLD   c: RUMGAHB   d: REIGFRUB   e: TTTTSARUG

Sie können prinzipiell davon ausgehen, dass in solchen Tests nur sehr bekannte Begriffe vorkommen. Durchsuchen Sie zuerst die Vorschläge nach Auffälligem; vielleicht haben Sie dann schnell eine Idee. Bei e könnten Sie überlegen, ob Ihnen eine deutsche Stadt einfällt, die vier Ts im Namen hat. Sind Sie auf »Stuttgart« gekommen? Eine Überprüfung zeigt: Die Vermutung stimmt. Das war Raten. Gibt es einen systematischeren Weg? Manchmal hilft es, wenn Sie sich die angebotenen Vokale im Geiste vorsagen, weil sie den Klang mehr prägen als die Konsonanten. Nehmen Sie c: »u« und »a«, mal umgedreht, »a« und »u«, versuchen Sie nun, die Konsonanten unterzubringen: »a«, »m« und »u«. Jetzt ist es nicht mehr weit. Sie haben es vermutlich bereits erraten: H-a-m-b-u-r-g. Alle Buchstaben untergebracht, aber eine Stadt in Deutschland, also kein Treffer. Vielleicht haben Sie sich gleich b angesehen und dahinter sofort »London« erkannt. Dann ist die Aufgabe gelöst, und die restlichen Angebote kümmern Sie nicht mehr. Also nur nebenbei: Berlin, London, Hamburg, Freiburg und Stuttgart sind aufgeführt.

Sollten Sie bei den leichteren Aufgaben einen gleichen Anfangs- oder Endteil für mehrere Wortfetzen finden, so wird hier ein Wortteil gesucht, das als Ende zum ersten und als Anfang zum zweiten gegebenen Schnipsel passt. Das kann ziemlich schwierig sein. Oder sehen Sie gleich die Verbindung? Ein Hinweis ist in der Klammer gegeben.

AUFGABE 3 Welche Silbe aus vier Buchstaben passt als Ende an den ersten Wortbestandteil und als Anfang vor den zweiten, so dass sich jeweils ein deutsches Substantiv ergibt?

GE _ _ _ _ UNG   (Hinweis: STOPP)

Wohlgemerkt geht es um zwei Wörter: Die Lücke steht im einen Fall für den Schluss, im anderen für den Anfang je eines Worts. Ohne den Hinweis in der Klammer benötigen auch gestandene Germanisten eine ganze Weile, um eine Silbe wie HALT, FÜHL, WAND, LENK oder SENK zu finden, die zu beidem passt. Haben Sie nicht gleich die Lösung gefunden? Grämen Sie sich nicht; dies ist bereits eine schwierigere Aufgabe.

Farben, Formen und Zusammenhänge

Was ist gleich, welche Regel lässt sich daraus ableiten und was verstößt gegen sie? Das sind die Grundfragen des logischen Aufgabentyps. Sie haben bereits Bildfolgen mit Farben kennengelernt, aber diese können nach sehr komplexen Gesetzen aufgebaut sein. Die Fragestellungen variieren ebenfalls. In der einfachen Aufgabe 4 sollen Sie herausfinden, welche Illustration von den anderen logisch abweicht.

AUFGABE 4   Welches der Sechsecke a bis e fällt aus dem Rahmen?

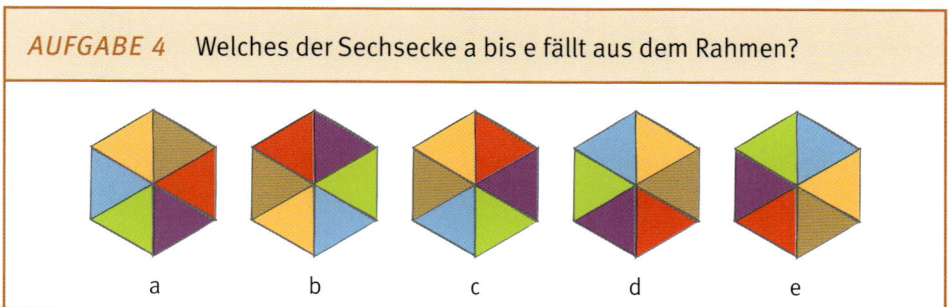

a   b   c   d   e

Haben Sie es erkannt? Ein kleiner Tipp: Betrachten Sie einander gegenüberliegende Farben. So sehen Sie: Heraus fällt c, denn sonst stoßen immer dieselben Farben aufeinander, Rot gegen Blau, Grün gegen Braun und Gelb gegen Rosa. Gleichwertig ist natürlich die Betrachtung der Farbfolge ringsherum, die bei allen außer c gleich ist. Mit anderen Worten: Vier der Sechsecke sind nur um Schritte von 60 Grad oder einem Vielfachen davon gedreht, von a nach b beispielsweise um 120 Grad gegen den Uhrzeigersinn, oder – im Ergebnis dasselbe – um 240 Grad in der Gegenrichtung.

Den nächsten Aufgabentyp haben Sie bereits in einfacherer Form kennengelernt. Hier werden Symbole, Formen und/oder Farben durchgetauscht. Sie sollen ein in der Vorgabe verstecktes Prinzip erkennen und passend dazu eine Bilderfolge ergänzen oder eine Lücke mit der richtigen Variante eines Elements schließen wie in Aufgabe 5.

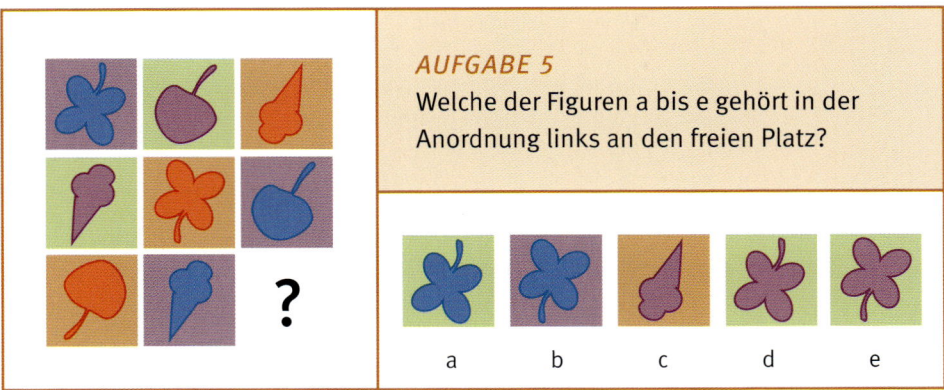

AUFGABE 5
Welche der Figuren a bis e gehört in der Anordnung links an den freien Platz?

a   b   c   d   e

Sie sehen: Hier wechseln die Farben und Formen in jeder horizontalen und vertikalen Reihe. In einigen der Felder ändert sich auch die Orientierung der Figuren: Sie sind um die horizontale Achse gespiegelt, stehen also auf dem Kopf. Prüfen Sie, wie oft und unter welcher Bedingung die Spiegelung auftritt. Die auf Spielkarten übliche Orientierung müssen Sie dazu nicht kennen; es genügt, zu sehen, dass alle Figuren auf Gelb und Blau, also die Mehrheit, gleich orientiert sind. Daraus ergibt sich, dass die Spiegelung nur auftritt, wenn eine Figur auf rotem Grund steht. Betrachten Sie nun die Vorgabe in diagonaler Richtung: Von rechts oben nach links unten sind die Farben der Symbole auf jeder Achse gleich; ebenso die der Felder. Von links oben nach rechts unten hingegen sind die Formen einheitlich – abgesehen von den Spiegelungen. Jedes Element kann offenbar in jeder Farbstellung vorkommen. Das sind bei je drei Figuren und Farben neun mögliche Kombinationen. Sehen Sie, welche noch fehlt? Sie wissen, dass c nicht in Frage kommt, denn Sie suchen ja nach Betrachtung der Diagonale von links oben nach rechts unten ein Herz. Roten und blauen Hintergrund gibt es bereits, also bleibt ein gelber übrig. Die Varianten a, d und e stehen auf Gelb. Kann a richtig sein? Nein, denn ein rotes Herz ist schon vorhanden. Passt e? Auch nicht, nur auf Rot wäre das Herz gespiegelt. So bleibt d.

Das Durchtauschen wie in Aufgabe 5 ist nur eine von vielen Möglichkeiten, Farben und Formen logisch miteinander zu verknüpfen. Eine Regel könnte beispielsweise sein, dass in einer Figurenfolge gleichartige Farben – z. B. in Abhängigkeit von ihrer Häufigkeit – einander löschen, sodass im nächsten Element der Folge eine weiße Fläche erscheint. Anstelle von Weiß ist natürlich jede Farbe denkbar. Auch zwischen Formen lassen sich solche Beziehungen definieren: Sie können einander überlagern, ergänzen, aber auch löschen. Betrachten Sie dazu Aufgabe 6.

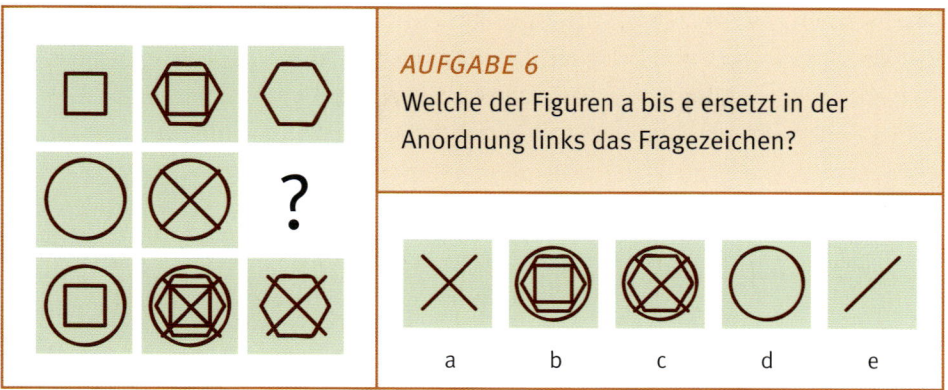

Welche der Figuren a bis e ersetzt in der Anordnung links das Fragezeichen?

a b c d e

Was passiert mit dem Quadrat in der ersten Zeile? Im dritten Kästchen fehlt es. Nehmen Sie eine Regel an und überprüfen Sie sie an dem etwas komplizierten Gebilde in der dritten Reihe. Hier bestätigt sich, dass die Formen, die im ersten und zweiten Feld gleich sind, im dritten fehlen. Übrig bleibt rechts, was je Zeile nur einmal vorkommt. In der mittleren Zeile löst sich demnach der Kreis auf, und a, das Kreuz, ist die korrekte Lösung. Ebenso gut gilt: Das mittlere Feld jeder Zeile und jeder Spalte zeigt addiert die Formen seiner Nachbarfelder, was zum gleichen Resultat führt.

Wie sich eine gedachte Bewegung – hier die von Uhrzeigern – nach bestimmten Regeln fortsetzt, ist das Thema beim dem Fragentyp, den Aufgabe 7 darstellt. Die Bewegung der Zeiger entspricht dabei nicht unbedingt dem normalen Gang auf einer Uhr, wie Sie am zweiten Bild erkennen! Prüfen Sie also zunächst, in welche Richtung und um welchen Winkel sich jeder Zeiger bewegt. Der Stundenzeiger scheint sich in Zweistundenschritten gegen den Uhrzeigersinn zu bewegen; der große springt im Halbstundentakt zwischen 12 und 6. Folglich muss der kleine Zeiger im letzten Bild zusammen mit dem großen Zeiger auf 12 stehen: Zwölf Uhr mittags, das ist die Lösung des Problems. Aber Vorsicht! Manchmal genügt es nicht, nach einem Bewegungsmuster zu suchen. Dann darf man nicht vergessen, dass eine Uhr immer auch Zahlen symbolisiert, weil die Zeiger immer auf Zahlen zeigen. Sie sind nun gewappnet für die kommenden visuellen Kopfnüsse. Die meisten davon sollten kein Problem mehr für Sie darstellen.

AUFGABE 7 Wie müssten die Zeiger auf der letzten Uhr stehen?

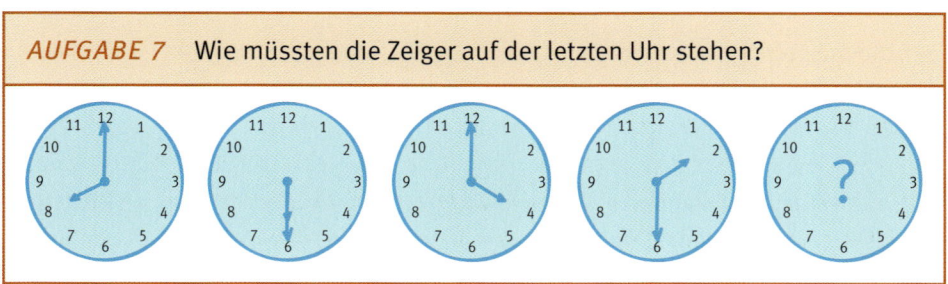

Zahlendreher und andere Gemeinheiten

Mit Zahlenkreisen und -quadraten haben Sie bereits ein wenig Erfahrung gesammelt. Bei einer Variante sollten Sie die Zahlen herausfinden, die für bestimmte Symbole stehen, sodass die angegebenen Spalten- und Zeilensummen stimmten und eine fehlende Summe herauskam. Dabei ging es nur um zwei Symbole. Bis zu vier Symbolen die passenden Zahlen zuzuordnen und eine Summe zu finden, ist weitaus anspruchsvoller.

In Aufgabe 8 geht es um drei Symbole. Mehrere Ansätze sind denkbar, aber Zeilen oder Spalten, in denen drei gleiche Symbole auftreten, bieten, wie schon bei den leichteren Aufgaben gesagt, den besten Anhaltspunkt – so auch hier. Am sinnvollsten ist es, Sie nehmen die Zeile oder Spalte mit der kleinsten Summe, hier also die unterste. Warum? Die Summe 17 schränkt die möglichen Zahlenwerte für den Stern am stärksten ein: Alle Zahlen kleiner als 6 könnten sich dahinter verbergen, da man mit 3×6 bereits auf 18 kommt. Probieren Sie 5: Damit bleibt für das Sechseck die 2.

Eine Gegenprobe in der ersten Zeile ergibt aber: 2×5 plus 2×2 ergäbe 14 und nicht 18. Der Stern steht also für einen kleineren, das Sechseck für einen größeren Wert. Probieren Sie nun in der ersten Zeile 4 für den Stern und 5 für das Sechseck – und schon klappt's. Der Rest ist kinderleicht und führt für die dritte Zeile zur Summe 20.

Die Felder könnten auch mit Zahlen gefüllt sein, die einer Regel gehorchen. Diese kann auf allen Grundrechenarten in allen Kombinationen beruhen, auch auf allen vier hintereinander. Ziehen Sie darüber hinaus die Quadratzahlen und umgekehrt die Wurzeln in Betracht. Weiter kommen häufig Quersummen vor. Lassen Sie sich aber nicht blenden davon, dass Sie Zahlen vor sich sehen. Denn nicht immer sind komplexe rechnerische Verhältnisse gesucht. Mitunter ist ein völlig banales Ordnungsprinzip herauszufinden. In solchen Fällen werden aber meistens mehrere Lösungsmöglichkeiten angeboten, und dann bietet sich das Ausschlussverfahren an.

Auch Zahlenfolgen mit höherem Schwierigkeitsgrad kommen zum Einsatz. Die Bildungsprinzipien sind hier – dem fortgeschrittenen Anspruch gemäß – komplexer. Aufgabe 9 wird Sie allerdings noch kaum überfordern, oder?

AUFGABE 9   3, -1, 7, -1, 11, -1, …   Welche Zahl setzt die Reihe fort?

Ins Auge springt sofort die wiederkehrende -1 an jeder zweiten Stelle. Prüfen Sie zur Vorsicht, ob Sie das mit Rechenschritten erklären können. Die Schritte -4, +8, -8, +12, -13 lassen keine Regel erkennen. Multiplikation und Division entfallen ebenso wie Quadrieren und Wurzelziehen, weil nur Primzahlen vorkommen, die durch keine Zahl außer 1 und sich selbst teilbar sind. Konsequenz daraus? Die -1 muss ignoriert werden, und es geht nur um die anderen Zahlen: Deren Folge beginnt mit 3; zur übernächsten Stelle, der 7, fehlen 4. Die 11 an der übernächsten Stelle erhalten Sie, indem Sie wieder 4 addieren. Aha: Das Bildungsprinzip lautet also +4, folglich setzt die 15 die Reihe fort.

AUFGABE 10   1, 6, 16, 31, 51, 76, …   Welche Zahl setzt die Reihe fort?

Ein wenig komplizierter ist die Zahlenfolge in Aufgabe 10 konstruiert. Bildungsprinzipien müssen nämlich keineswegs konstant sein. Prüfen Sie die Differenzen zwischen den aufeinanderfolgenden Zahlen: Von 1 auf 6 fehlen 5, von 6 auf 16 sind es 10, von 16 auf 31 ist 15 zu addieren. Als Nächstes erwarten Sie nun +20, und das stimmt! Mit 25 sind Sie schließlich bei 76, packen nun 30 drauf und sind bei 106, der korrekten Lösung.

Eine weitere Variante ist, dass Ihnen eine Zahlenserie mit einem »Webfehler« geboten wird. Sie müssen dabei nicht nur das Bildungsprinzip herausfinden, sondern auch die Stelle, an der es verletzt ist. Aufgabe 11 ist ein Beispiel für eine solche Fragestellung.

AUFGABE 11   6, 13, 27, 55, 110, 223, 447, 895, 1791
Welche Zahl in dieser Reihe verletzt deren Bildungsregel?

Prüfen Sie wie gewohnt die Verhältnisse zwischen benachbarten Zahlen: 6 passt zweimal in die 13 mit einem Rest von 1. Ebenso gilt die Deutung 6 plus 7, dass also eine Zahl und ihr jeweiliger Nachfolger addiert werden, um zur nächsten Zahl zu gelangen. 13 geht wieder zweimal in 27, und wieder bleibt 1 übrig. Daraus schließen Sie erst einmal auf dieses Konstruktionsprinzip: Verdopple eine Zahl und addiere 1 hinzu. Dieses gilt es nun zu prüfen. Es stimmt für fast alle Zahlen der Reihe; nur bei der 110 fehlt die zu addierende 1, denn eigentlich müsste hier 111 stehen, worauf sich ja die nachfolgende Zahl 223 wieder korrekterweise bezieht. Die Zahl 110 steht damit im Widerspruch zur Regel.

Genug mit den Zahlenreihen! Hier dürfen natürlich nicht alle erdenklichen Bildungsprinzipien ausgebreitet werden, die den folgenden Aufgaben zugrundeliegen. Das würde es zu einfach machen und Ihnen den Spaß und den Lernerfolg nehmen.

AUFGABE 12   Welche Zahl passt nicht ins gegebene Schema?

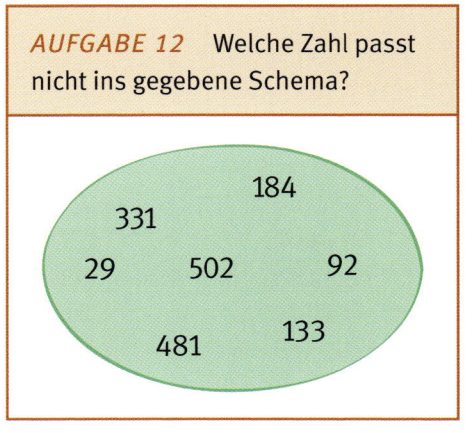

Weitere Zahlenaufgaben basieren auf dem Muster: Welche Zahl passt oder passt nicht zu einer Gruppe von Zahlen? Zum Beispiel Aufgabe 12: Finden Sie den »Außenseiter«? Nach Rechnerei sieht es hier nicht aus. Aber was verbindet die Zahlen dann? Bei sieben Zahlen könnten je zwei ein Paar bilden. Nur zwei sind zweistellig; 29 und 92. Aha: Die Ziffern sind vertauscht. Ist das schon die Regel? Für 184 und 481 stimmt sie; auch 331 ist der Kehrwert eines Partners (133), nicht

aber 502. Das ist also der gesuchte Single. Wieder war es keine komplexe arithmetische oder wie auch immer geartete mathematische Beziehung, die zur Lösung führte. Behalten Sie diese Möglichkeit im Auge und seien Sie in Ihren Überlegungen dafür offen: Neben arithmetischen Beziehungen zwischen den beteiligten Zahlen können in solchen Aufgaben Quersummen und ganz banale Verhältnisse wie dieselbe Stellenzahl eine Rolle spielen. Vielleicht wird sogar nur nach gerade und ungerade unterschieden. Apropos Quersummen: Erinnern Sie sich daran, dass Sie in manchen Fällen an der Quersumme ablesen können, ob eine beliebig große Zahl durch 3 oder 9 teilbar ist? Sie ist es nämlich genau dann, wenn auch die Quersumme durch 3 oder 9 teilbar ist. Letzteres festzustellen ist bei großen Zahlen wesentlich einfacher, als die Zahlen selbst zu teilen – zumindest solange Sie keinen Taschenrechner benutzen.

Es ist empfehlenswert, sich die elementare Schulmathematik in Erinnerung zu rufen. Wissen Sie noch, was man unter dem »größten gemeinsamen Teiler« versteht? Sie haben zwei natürliche Zahlen, z. B. 18 und 12. Die 18 lässt sich durch 1, 2, 3, 6, 9 und 18 ohne Rest teilen, die 12 durch 1, 2, 3, 4, 6 und 12. Der größte gemeinsame Teiler von 12 und 18 ist demnach die Zahl 6. Dasselbe Spiel lässt sich mit beliebigen Zahlenpaaren machen. Das ist nun schon etwas vertrackter. Da Sie aber jetzt einen Hinweis haben, dürfte Aufgabe 13 nicht mehr allzu schwierig sein.

AUFGABE 13   24 und 14 verhalten sich zu 2 wie 12 und 32 zu ?
Welche Zahl ersetzt das Fragezeichen?

Die Zahl 12 hat die Teiler: 1, 2, 3, 4, 6 und 12, die Zahl 32 die Teiler: 1, 2, 4, 8, 16 und 32. Folglich ist der »größte gemeinsame Teiler« die 4 und damit die Lösung. Umgekehrt verhält es sich mit dem Gegenstück dazu, dem »kleinsten gemeinsamen Vielfachen«. Was ist darunter zu verstehen? Als Beispiel dient wieder das Zahlenpaar 18 und 12.

Gefragt ist aber nach der kleinsten ganzen Zahl, die durch beide ohne Rest teilbar ist. Probieren Sie: 12 × 2 = 24, 12 × 2 = 36. Und 18 × 2 = 36. Aha! Das ging schnell. 36 ist also die gesuchte Zahl. Dieses Verfahren führt auch zur Lösung von Aufgabe 14.

> **AUFGABE 14** 24 und 14 verhalten sich zu 168 wie 12 und 32 zu ?
> Welche Zahl ersetzt das Fragezeichen?

Es empfiehlt sich in solchen Fällen immer, mit der größeren Zahl anzufangen. Probieren Sie es einfach. So kommen Sie auf 64, dann auf 96 – und haben das Ergebnis bereits erreicht: 96 ist bekanntlich 8 × 12. Sollten Sie in der glücklichen Lage sein, den größten gemeinsamen Teiler eines Zahlenpaar bereits zu kennen, dann ergibt sich das kleinste gemeinsame Vielfache ganz einfach aus folgender Formel: Für beliebige natürliche Zahlen a und b muss man das Produkt a × b durch diesen größten gemeinsamen Teiler dividieren. Für Aufgabe 14 wäre zu rechnen: 12 × 32 = 384. 384 ÷ 4, ergibt 96.

Zahlen sind schon eine sehr rätselhafte Materie, und viele Rätsel lassen sich daraus aufbauen. Eine weitere strenge Beziehung liegt der Aufgabe 15 zugrunde.

> **AUFGABE 15** 5 verhält sich zu 0,2 wie 2 zu ?
> Welche Zahl ersetzt das Fragezeichen?

In welcher Beziehung stehen die beiden Zahlen 5 und 0,2 zueinander? Sie erkennen es, wenn Sie die 0,2 anders schreiben, nämlich als 1/5. So wird die Beziehung durchsichtig: 0,2 oder 1/5 bildet den sogenannten Kehrwert von 5. In der Aufgabe ist der Kehrwert von 2 gesucht, und der ist 1/2 oder 0,5.

Wenn Sie sich die erklärten Lösungswege und Rechenschritte eingeprägt haben, sind Sie gut gerüstet für die folgenden Zahlenknobeleien.

Futter für Ihr geistiges Auge

Im Themenfeld der visuellen Intelligenz haben Sie bereits Faltvorlagen kennengelernt, aus denen sich im Geiste Würfel oder andere dreidimensionale Gebilde erstellen lassen. Die Aufgaben dieser Kategorie werden hier deutlich komplexer. Sie müssen nicht nur Formen und Farben im Auge behalten, sondern immer auch die jeweilige Orientierung der Motive berücksichtigen. Sie haben gesehen, dass bei zwei fast gleichen Faltmustern im Ergebnis einmal ein Motiv, zum Beispiel eine Zahl oder ein Buchstabe, gekippt erscheint, während ein andermal die Orientierung erhalten bleibt. Und genau auf diese Gesichtspunkte müssen Sie im Folgenden besonders achten.

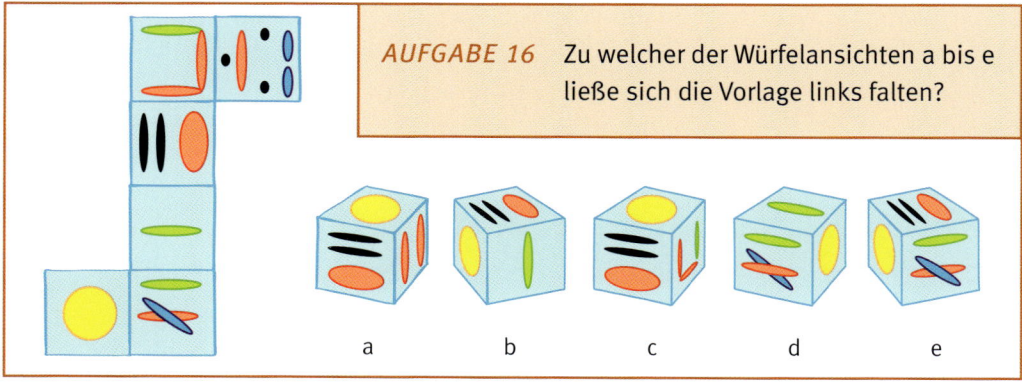

AUFGABE 16 Zu welcher der Würfelansichten a bis e ließe sich die Vorlage links falten?

a   b   c   d   e

Aufgabe 16 zeigt eine komplexe Faltvorlage und fragt, welcher der abgebildeten Würfel auf ihr beruht. Schauen Sie sich zuerst alle Lösungsangebote an. Eines fällt sofort heraus. Warum? Weil es ein Motiv enthält, das auf der Faltvorlage gar nicht vorkommt: Die zwei roten parallelen Striche auf der rechten Seite des Würfels a. Um a brauchen Sie sich nicht weiter zu kümmern. Suchen Sie gleich weiter nach solchen Details. Vergleichen Sie alle Motive auf der Faltvorlage mit denen der Würfelbilder. Erkennen Sie, dass d ebenfalls nicht in Frage kommt? Bei Bild d liegt der rote über dem blauen Strich, in der Vorlage ist es umgekehrt. Auch d fällt also unter den Tisch. Die übrigen Motive auf den Würfeln b, c und e entsprechen der Faltvorlage. Erst jetzt brauchen Sie Ihre räumliche Vorstellungskraft. Prüfen Sie also nun benachbarte Flächen und deren Orientierung zueinander. Sie werden sehen, dass bei c die Vorderseite – das rote Oval neben zwei schwarzen Strichen – und die rechte Seite zur Faltvorlage passen. Bleibt die Oberseite zu prüfen, und tatsächlich passt der gelbe Kreis ebenfalls. Sie sehen: Hier ist viel Konzentration nötig, und die Uhr tickt. Denken Sie also immer zuerst ans Ausschlussprinzip und verlieren Sie keine Zeit mit Lösungsangeboten, die leicht auszuschließen sind.

Noch ein Aufgabentyp bezieht sich auf Ansichten von Würfeln: In Aufgabe 17 sollen Sie in der Abfolge der Würfelansichten eine Regel erkennen: Welche gedachten Dreh- und/ oder Kippbewegungen führen von einer Ansicht des Würfels zur nächsten und welche Abbildung gehört demzufolge an die Position des Fragezeichens? Einfachere Varianten wurden bereits im vorangehenden Kapitel durchgespielt. Nun sollten Sie gewappnet sein für komplexer aufgebaute Serien wie die in Aufgabe 17.

Finden Sie die Lösung? Von der ersten zur zweiten Position wird der Würfel um 90 Grad zum Betrachter gekippt. Und dann? Zur dritten Position wird er horizontal gedreht, und zwar um 90 Grad gegen den Uhrzeigersinn. Zur vierten Position wird wieder um 90 Grad nach vorne gekippt. Am Ende muss also wieder eine Drehung nach rechts kommen, die das liegende »B« auf die rechte Seite bringt. Lösungsvorschlag d ist also korrekt.

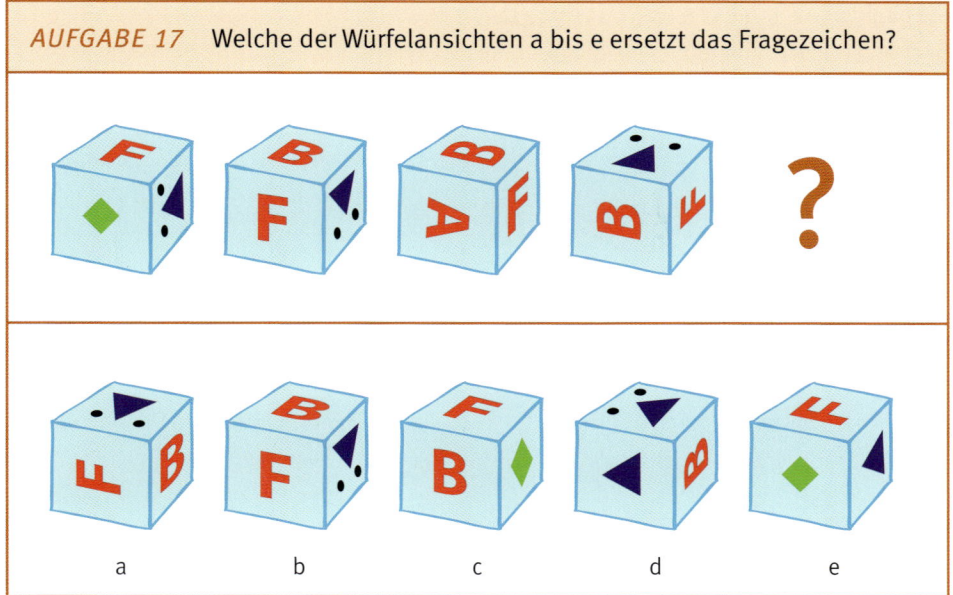

AUFGABE 17 Welche der Würfelansichten a bis e ersetzt das Fragezeichen?

Viel Konzentration ist auch gefordert, wenn Sie zwischen Gebilden aus farbigen Fäden oder Linien Unterschiede finden sollen wie in Aufgabe 18. Worauf kommt es hier an? Die Fäden sind abwechselnd rot und blau; diese Reihenfolge ändert sich offenbar nicht. Schauen Sie genau hin. Wie liegen die Fäden aufeinander? Sie werden merken, dass bei Version d etwas anders ist. Die Kringel rechts unten zeigen es am deutlichsten: Hier durchschneiden die roten Linien die blauen statt umgekehrt. Hier liegt also Rot vor Blau; bei allen anderen Bildern ist es umgekehrt. Überhaupt sind die Bilder a, b, c und e vollkommen gleich. Somit ist d die gesuchte Variante, die aus der Reihe tanzt.

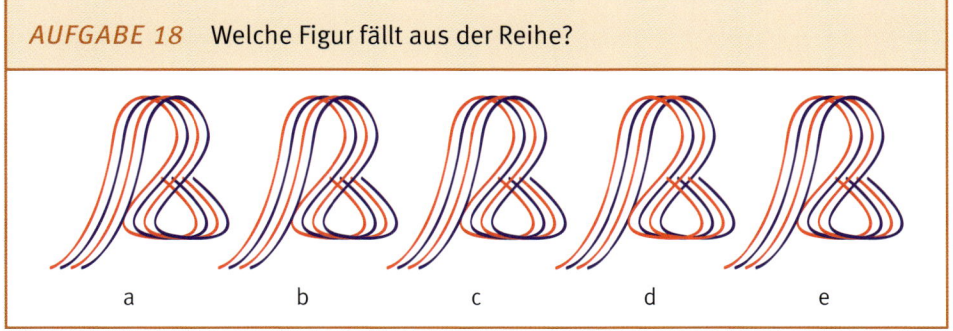

AUFGABE 18 Welche Figur fällt aus der Reihe?

Eine große Herausforderung für die grauen Zellen sind zerschnittene Figuren, die im Geist aus ihren Fragmenten zusammengesetzt werden sollen. Oft werden mehr Teile gezeigt, als erforderlich sind. Ist nach einem überzähligen Teil gefragt, müssen Sie nicht unbedingt die ganze Figur rekonstruieren. Suchen Sie zuerst nach Kriterien, die ein Teil eventuell direkt ausschließen. Erst wenn dies wirklich zu keinem Ergebnis führt, sollten Sie mit dem zeitraubenden geistigen Puzzlespiel beginnen – etwa mit der Frage, welche drei von vier Teilen benötigt werden, um die komplette Figur zu bilden.

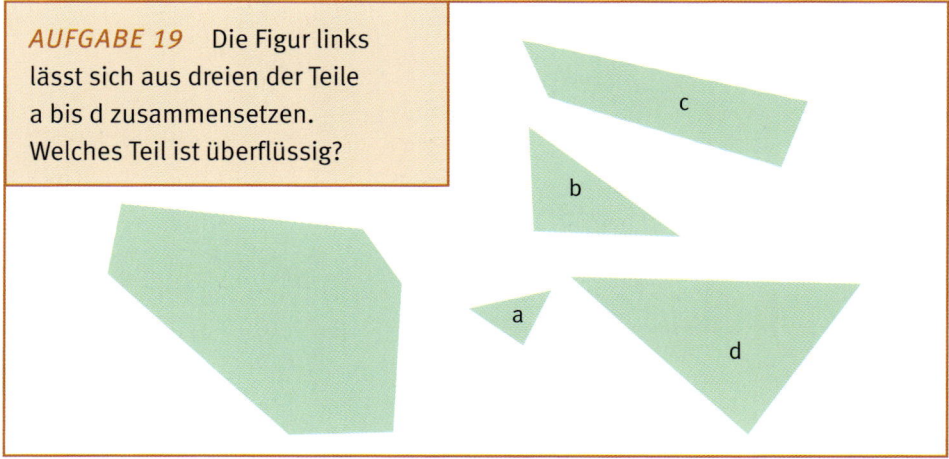

AUFGABE 19 Die Figur links lässt sich aus dreien der Teile a bis d zusammensetzen. Welches Teil ist überflüssig?

Ein Beispiel für diesen Typ ist Aufgabe 19. Drehen Sie in Ihrer Vorstellung die Teile so, dass sie zusammengesetzt mit der Ausgangsfigur links in Deckung kommen – eine anspruchsvolle Aufgabe. Versuchen Sie, Kanten übereinstimmender Länge zu finden. Probieren ergibt dann, dass für die Figur links die Teile b, c und d genügen: Das Dreieck d bildet den linken unteren Teil des Sechsecks; die linke Kante wird zur linken Kante der Ausgangsfigur. Das Dreieck b ist – gedreht – rechts anzusetzen, und c bildet den noch fehlenden Streifen, der die Figur oben abschließt. Das kleine Dreieck a bleibt also übrig. Die Aufgabe erinnert an das berühmte Tangram, ein altes chinesisches Legespiel, das aus fünf Dreiecken, einem Quadrat und einem Parallelogramm besteht. Dieses eignet sich ganz hervorragend zum spielerischen Üben der visuellen Intelligenz.

Ihre visuelle Intelligenz ist auch bei einer Fragestellung gefordert, wie sie in Aufgabe 20 vorgestellt wird. Es geht darum, die Flächen zu zählen – eine Herausforderung für die Konzentration und die räumliche Vorstellungskraft. Mitzuzählen sind auch jene Flächen,

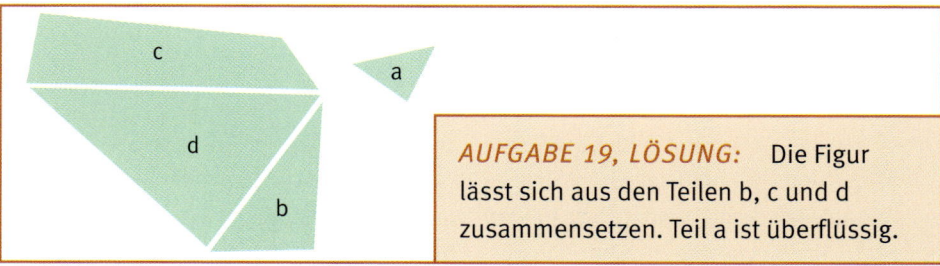

AUFGABE 19, LÖSUNG: Die Figur lässt sich aus den Teilen b, c und d zusammensetzen. Teil a ist überflüssig.

AUFGABE 20:

Aus wie vielen einzelnen Flächen setzt sich der gezeigte massive Körper zusammen?

die nicht direkt zu sehen sind, die aber logischerweise vorhanden sein müssen. Dabei ist stillschweigend davon auszugehen, dass sich dort nicht weitere komplexe Anbauten befinden; sonst ließe sich die Aufgabe ja niemals lösen. Gehen Sie also immer vom einfachsten denkbaren Fall aus: Bei den Seiten, die wir nicht sehen, nehmen wir glatte Flächen an, denn es soll sich ja um einen geschlossenen Körper handeln. Bei Aufgabe 20 kommen wir auf diese Weise auf 6 Flächen für den Würfel, 5 für den aufgeklebten rechten Quader und 4 für das links angebrachte Prisma. Es sind also insgesamt 15 Flächen.

Wie bei den leichteren Aufgaben im vorhergehenden Kapitel gibt es auch hier Aufgaben, die das räumliche Vorstellungsvermögen anhand zweidimensionaler Vorgaben fordern; jedoch auf etwas höherem Niveau. Sie bekommen wieder zwei Ansichten von Körpern gezeigt, aus denen Sie auf eine dritte schließen sollen. Eine Variante davon zeigt einen komplexen Körper, dem die richtige von mehreren Ansichten zugeordnet werden soll.

Nach den absolvierten Vorübungen sollten Ihnen die meisten Aufgaben nicht allzu schwer fallen. Es sind aber auch einige härtere Nüsse unter den Fragen!

➡ ZUSAMMENFASSUNG

Aufgaben zur Sprache: Wenn Sie Buchstabensalat serviert bekommen und ein Wort ausschließen sollen, versuchen Sie nicht gleich alles aufzulösen, sondern suchen Sie nur dieses eine Wort.

Abstrakte Logik: Aufeinander folgende Elemente können nun auch in komplexeren Beziehungen stehen, z.B. einander überlagern und löschen. Farbvertauschungen, Spiegelungen und Drehungen können die Fragen noch komplizierter gestalten.

Nummerische Aufgaben: Achten Sie hier auch auf komplexere Beziehungen zwischen den angegebenen Zahlen. Quersummen, größte gemeinsame Teiler oder kleinste gemeinsame Vielfache kommen hier ins Spiel. Reihen können auf zusammengesetzten Bildungsprinzipien beruhen.

Visuelle Aufgaben: Bei Würfeln und Faltmustern ist immer auf mögliche Nachbarschaften von Flächen zu achten. Wenn bei zerschnittenen Figuren nur das nicht passende Element gesucht ist, muss man oft nicht die gesamte Figur in Gedanken zusammenfügen.

01

Welche der fünf Figuren a bis e fällt aus der Reihe?

| a | b | c | d | e |

02

Setzen Sie die vier Zahlenfolgen logisch fort. Welche Zahl gehört jeweils an die Stelle des Fragezeichens?

1. 1, 3, 6, 4, 6, 12, 10, **?**

2. 1, 1, 2, 6, 24, 120, **?**

3. 0, 1, 3, 6, 10, 15, 21, 28, **?**

4. 100, 98, 94, 86, 70, **?**

03

Vier Listen von je fünf Wörtern. Wählen Sie jeweils die beiden aus, die einen gemeinsamen Oberbegriff haben.

1. a: Eisen b: Holz c: Aluminium d: Kunststoff e: Papier

2. a: Griechisch b: Deutsch c: Französisch d: Russisch e: Italienisch

3. a: Fledermaus b: Löwe c: Schlange d: Frosch e: Floh

4. a: Physik b: Psychologie c: Politik d: Biologie e: Design

04

Welcher der Würfel a bis e kann aus der Faltvorlage rechts hergestellt werden?

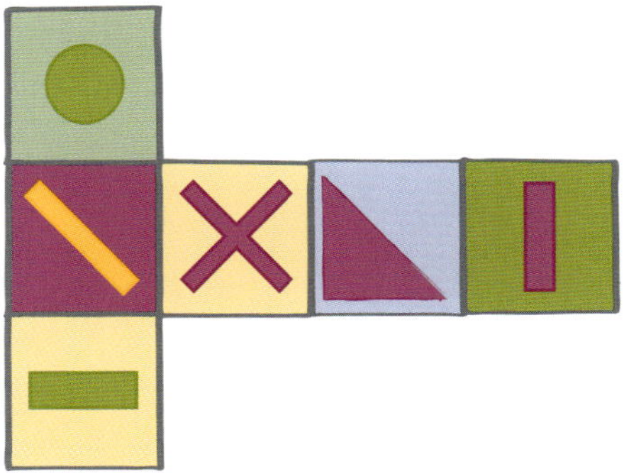

a   b   c   d   e

05

Welches der Quadrate a bis e gehört logischerweise an die Stelle des Fragezeichens?

?

a   b   c   d   e

06

**Vier der fünf Bruchstücke a bis e könnten
– soweit man es beurteilen kann –
von dem Würfel rechts stammen.
Welches Teil aber nicht?**

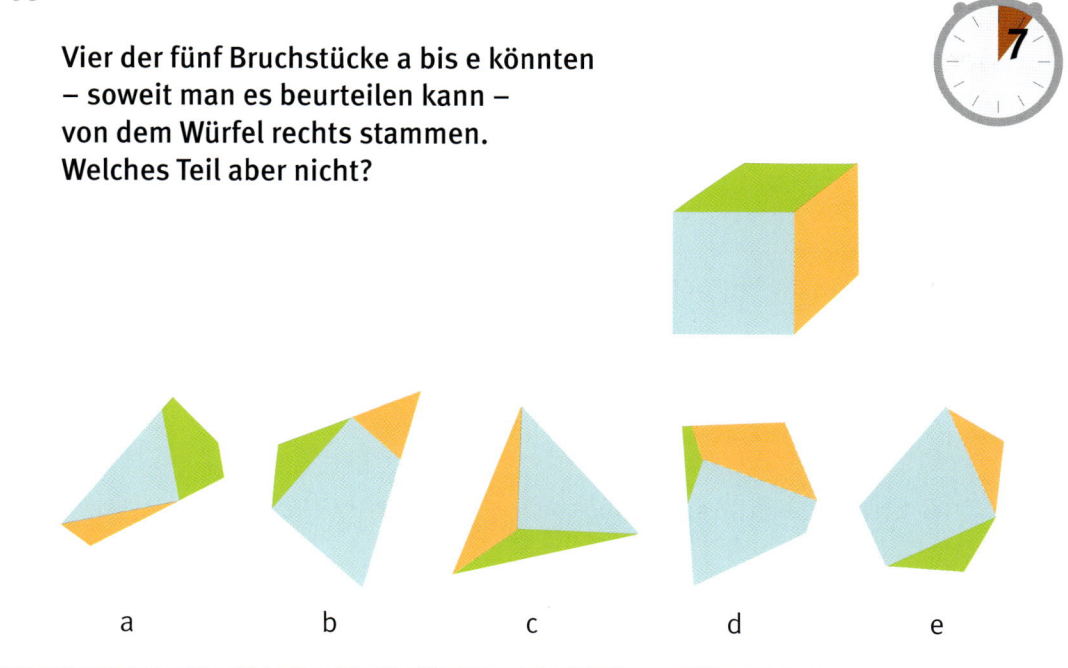

a   b   c   d   e

07

Welches der Quadrate a bis e ersetzt folgerichtig das Fragezeichen?

7	5	2	4
8	5	3	6
4	3	8	9
2	7	6	?

1	5	1	2	4
a	b	c	d	e

08

Vier Gruppen von je fünf versteckten Wörtern: Finden Sie jeweils den nicht in seine Reihe passenden Begriff.

1. Welches dieser Wörter bezeichnet kein Tier?
a: DRELA   b: ETATR   c: IGTRE   d: GLNAE   e: ZTKAE

2. Welches dieser Wörter ist kein Begriff aus der Musik?
a: ABET   b: TARS   c: REIB   d: NOSG   e: LOOS

3. Welches dieser Wörter ist allgemeiner als die anderen?
a: SMNECH   b: TRIERE   c: TODKOR   d: LEGSRE   e: HAFRER

4. Welches dieser Wörter hat nichts mit dem menschlichen Körper zu tun?
a: ERUMA   b: SUBTR   c: LABNE   d: ERINE   e: HUCAB

09

Welche der Figuren ersetzt das Fragezeichen in der Gleichung?

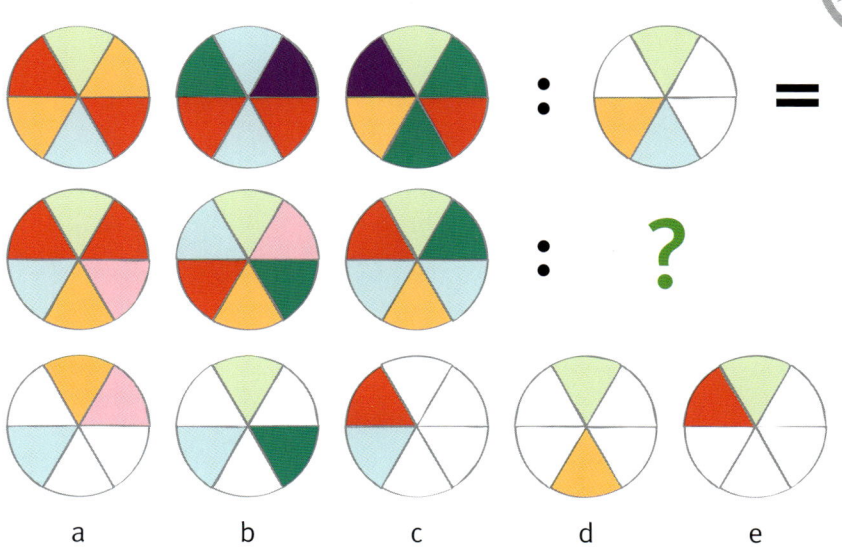

a b c d e

10

Welches Wort passt jeweils so zwischen die beiden vorgegebenen Wörter, dass es sowohl mit dem ersten als auch mit dem zweiten ein gebräuchliches Wort bildet?

1. SCHIFF _ _ _ _ _ LANDUNG

2. FREI _ _ _ _ VERTRAG

3. SATZ _ _ _ ARBEITER

4. FRISCH _ _ _ _ KISSEN

11

Welches der Knäuel a bis e fällt aus der Reihe?

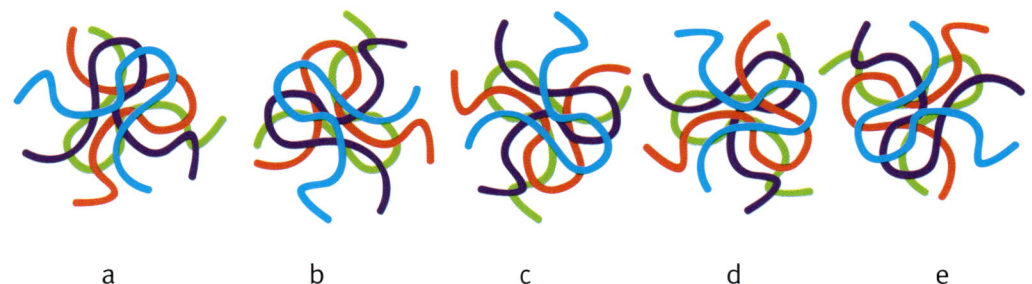

a   b   c   d   e

12

Welche Zahl gehört logisch korrekt an die Stelle des Fragezeichens?

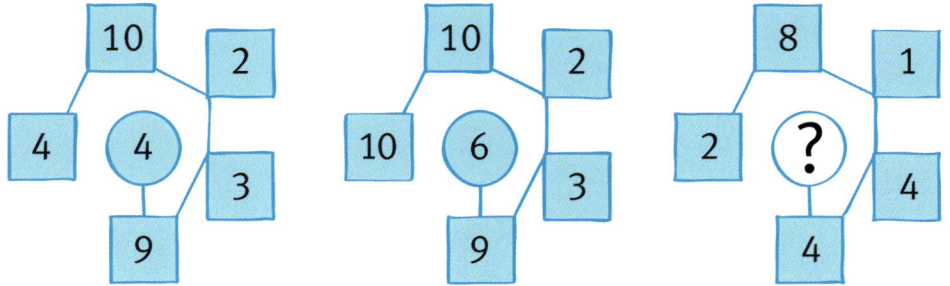

13

Welche Zahl gehört in den Sektor mit dem Fragezeichen?

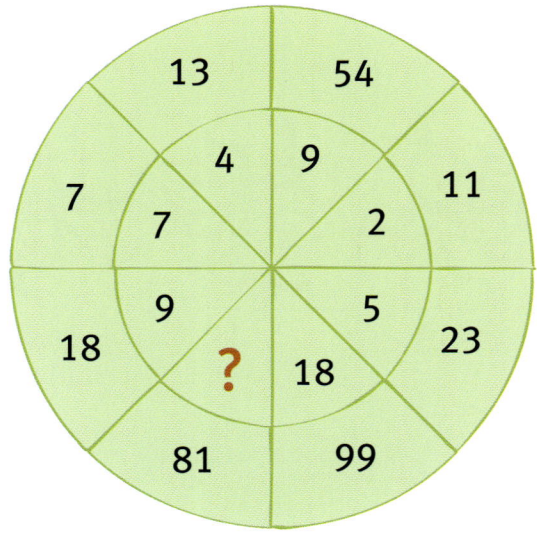

14

Welches Wort ergänzt alle Wortanfänge zu ganzen Wörtern?

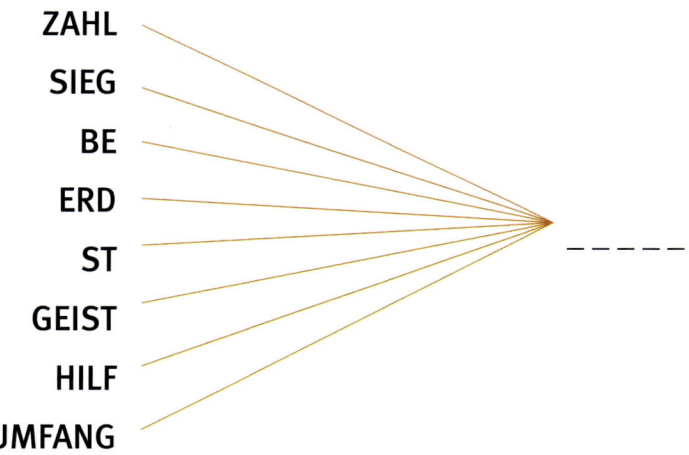

15

Aus welcher der Faltvorlagen a bis e
kann der Würfel rechts gebaut werden?

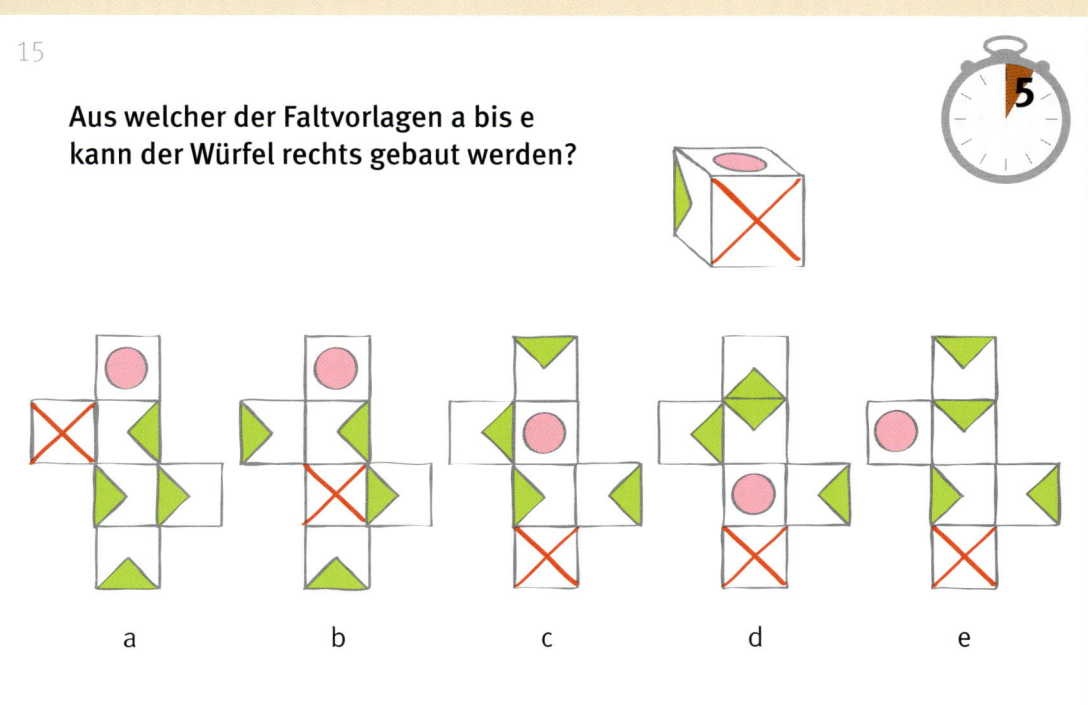

a   b   c   d   e

16

Welche der Figuren gehört auf die rechte Seite der Gleichung?

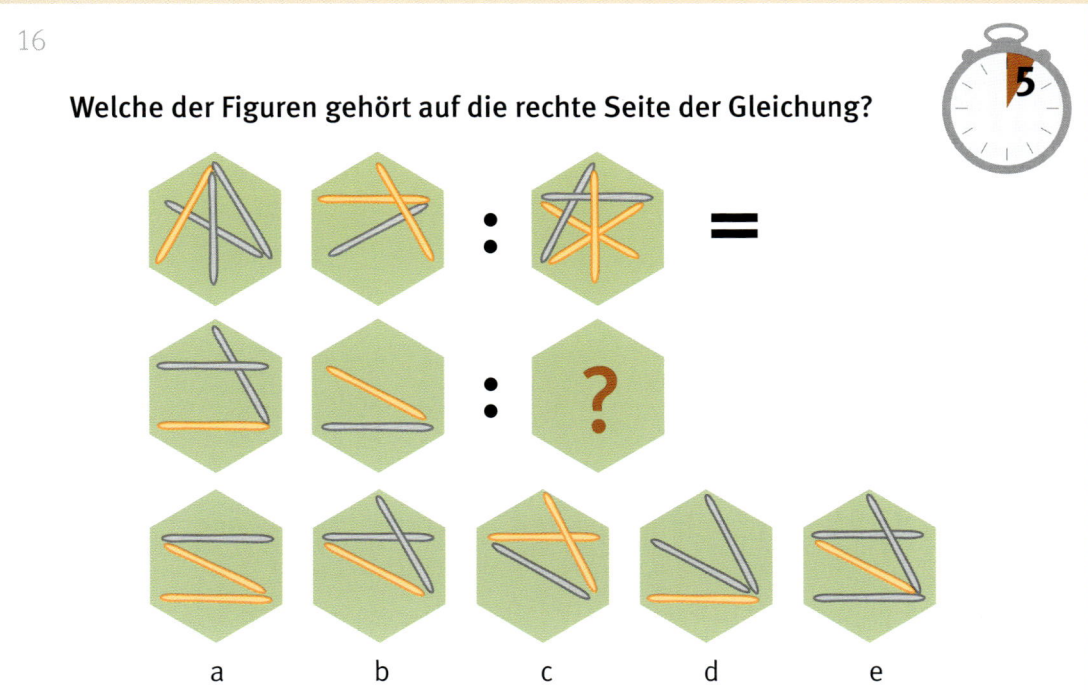

a   b   c   d   e

17

Welche Zahl gehört an die Stelle des Fragezeichens?

10	-3	44	22
18	5	8	-2
18	6	?	36
0	18	-4	17

18

Welches der Quadrate a bis e gehört folgerichtig an die Stelle des Fragezeichens?

a   b   c   d   e

19

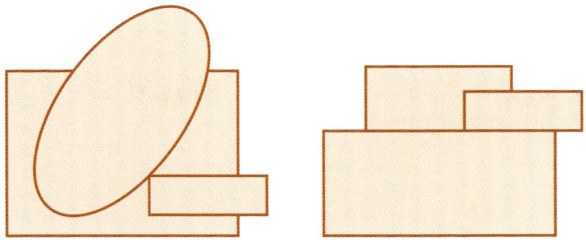 

Oben sehen Sie links die Drauf-, rechts die Vorderansicht eines Objekts. Welche der Ansichten a bis e zeigt denselben Gegenstand von rechts?

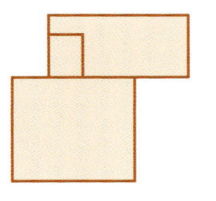 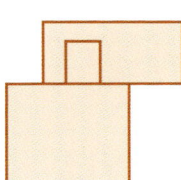 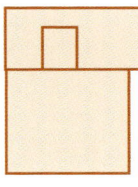 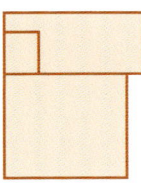 

| a | b | c | d | e |

20

»Eile mit Weile!«

Welches Sprichwort kommt in seiner Bedeutung diesem Sprichwort am nächsten?

a: Die Zeit heilt alle Wunden.

b: Gut Ding will Weile haben.

c: Es wird nichts so heiß gegessen wie gekocht.

d: Kommt Zeit, kommt Rat.

e: Aller Anfang ist schwer.

21

Welche der Uhren a bis e gehört der Logik nach an die letzte Stelle der oberen Reihe?

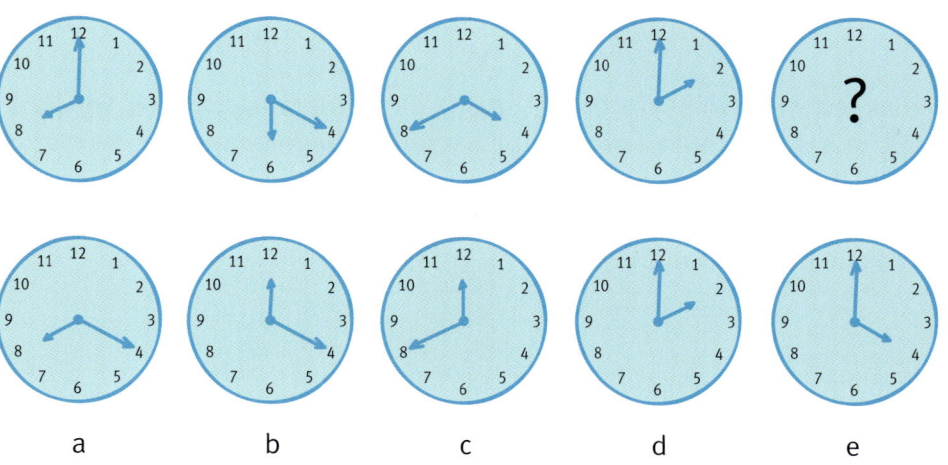

a b c d e

22

Welche der Figuren a bis e fällt aus dem Rahmen?

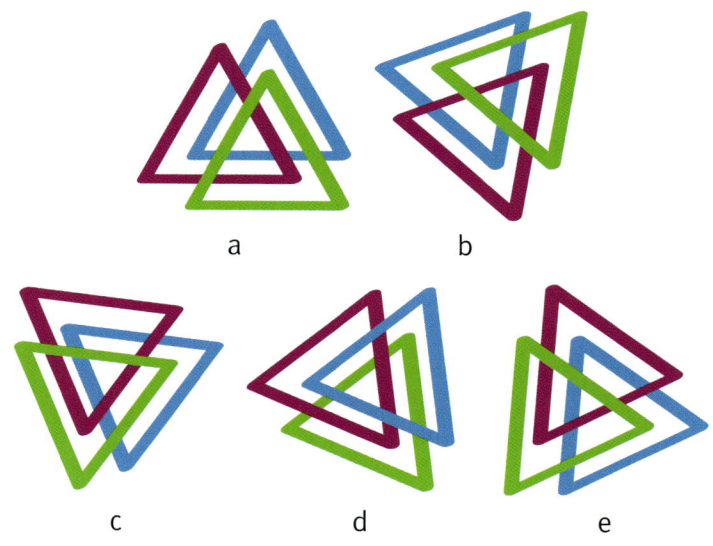

a b

c d e

23

Vier Gruppen von je fünf Wörtern: Finden Sie jeweils den nicht in seine Reihe passenden Begriff.

1. a: Tasse b: Teller c: Schale d: Schüssel e: Pfanne

2. a: Regel b: Ausnahme c: Folgerung d: Annahme e: Anwendung

3. a: Lösung b: Geschäft c: Büro d: Arbeit e: Team

4. a: Leiste b: Quelle c: Flug d: Schule e: Fracht

24

Welche Zahl gehört als Zeilensumme folgerichtig an die Stelle des Fragezeichens?

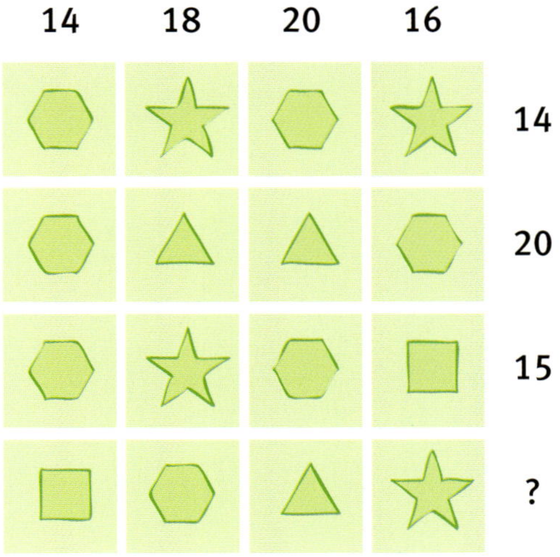

14	18	20	16	
⬡	★	⬡	★	14
⬡	△	△	⬡	20
⬡	★	⬡	▢	15
▢	⬡	△	★	?

25

18 : 162 : 1134

In welcher der Zahlengruppen a bis e stehen die drei Zahlen im selben Verhältnis wie in der Zahlengruppe oben?

a: 24 : 216 : 1512

b: 2 : 18 : 99

c: 45 : 265 : 1876

d: 19 : 187 : 1456

e: 121 : 968 : 6776

26

Welche der Draufsichten a bis e zeigt das perspektivisch abgebildete Objekt?

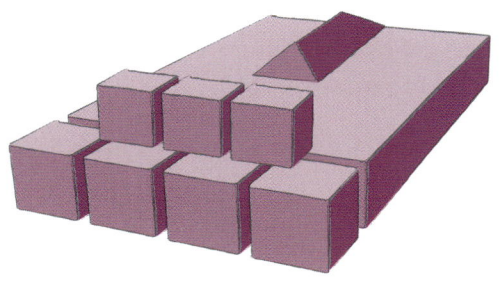

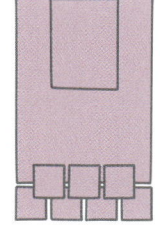 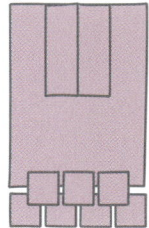 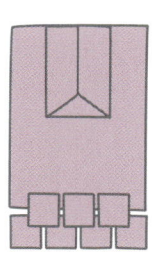 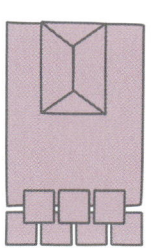 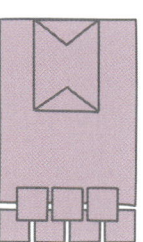

a b c d e

27

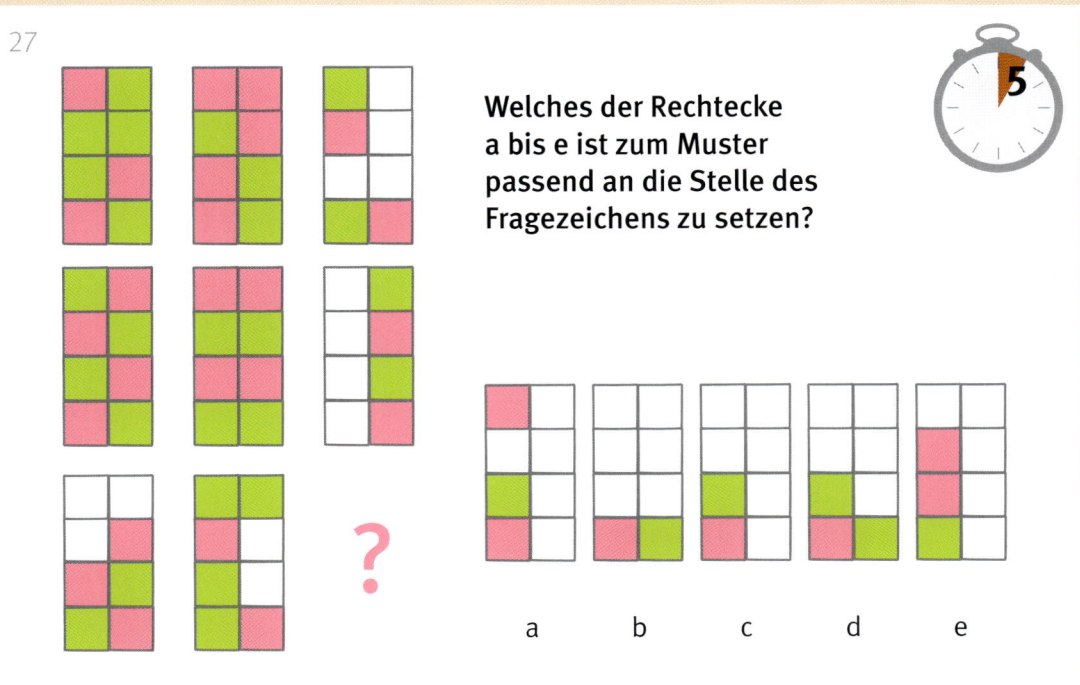

Welches der Rechtecke
a bis e ist zum Muster
passend an die Stelle des
Fragezeichens zu setzen?

a   b   c   d   e

28

Welches der Wörter a bis e drückt am ehesten das Gegenteil
des vorgegebenen Worts aus?

warten

a: weggehen   **b:** verlassen

c: verschwinden   **d:** bleiben   **e:** aufhören

29

Welches der Quadrate a bis e fällt aus der Reihe?

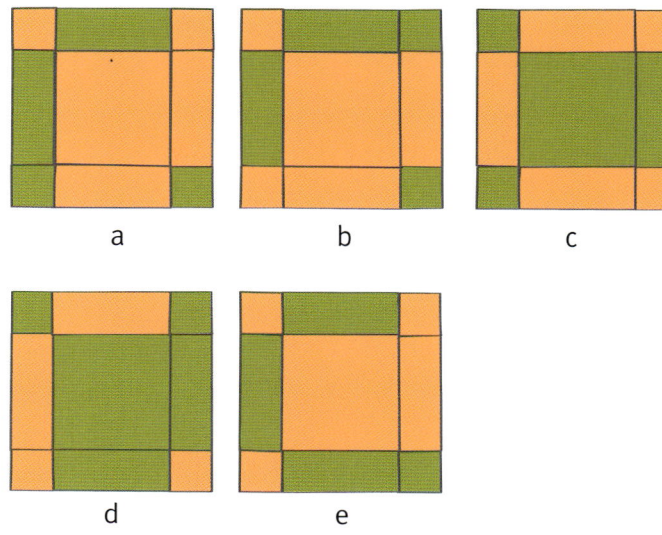

30

Welches der Wörter a bis e passt jeweils an die Stelle des Fragezeichens auf der rechten Seite der Gleichung?

1. **Pfund : Großbritannien = Yen : ?**
   a: China   b: Indien   c: Japan   d: Indonesien   e: Sri Lanka

2. **Lager : Regal = Sarg : ?**
   a: Brett   b: Gras   c: Koffer   d: Kiste   e: Behälter

3. **Sandwich : Suppe = Jaguar : ?**
   a: Baum   b: Fiat   c: Ball   d: Wasser   e: Bucht

4. **Sonne : Planet = Planet : ?**
   a: Erde   b: Planet   c: Mond   d: Milchstraße   e: Astrologie

31

Welche der Würfelansichten a bis e setzt die obere Reihe logisch korrekt fort?

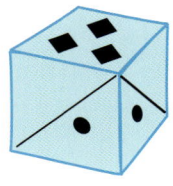   

a　　　　　　b　　　　　　c　　　　　　d　　　　　　e

32

Welche der Zahlen a bis e passt folgerichtig zu der Gruppe von Zahlen im Oval?

396

501

279

633

283　　　185　　　303　　　124　　　721

a　　　　　b　　　　　c　　　　　d　　　　　e

33

**Welche Zahl ersetzt jeweils das Fragezeichen
in der Gleichung?**

1.   33 und 15 verhalten sich zu 3   wie   21 und 9 zu ?

2.   12 und 81 verhalten sich zu 3   wie   23 und 61 zu ?

3.   12 und 8 verhalten sich zu 24   wie   18 und 24 zu ?

4.   21 und 12 verhalten sich zu 84   wie   17 und 11 zu?

34

**Acht gleichgroße Quadrate sind hier übereinandergelegt.
Bestimmen Sie die Reihenfolge von vorne nach hinten.**

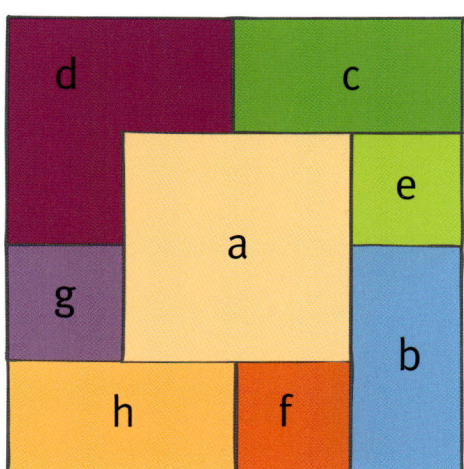

35

Welches der Quadrate
a bis e ist passend zur
Struktur an die Stelle des
Fragezeichens zu setzen?

a b c d e

36

Vier Gruppen von je fünf Wörtern: Finden Sie jeweils den
nicht in seine Reihe passenden Begriff.

1. a: Yen b: Schilling c: Dollar d: Rupie e: Franken

2. a: blass b: krank c: fahl d: müde e: gelb

3. a: Fälschung b: Blüte c: Betrug d: Gericht e: Raub

4. a: Mauer b: Wiese c: Hecke d: Fluss e: Zaun

37

Welches der Zahlenquadrate a bis e gehört in die Mitte des großen Quadrats?

3	3	8	9	4	8
1	4	12	4	12	9
2	11	**?**		10	11
5	4			9	7
2	8	10	5	11	9
4	2	4	5	1	3

23	44
11	12

a

54	27
11	8

b

12	20
10	8

c

33	32
31	30

d

11	9
1	3

e

38

Vier Gruppen von Wörtern: Zwei und nur zwei der Begriffe a bis e lassen sich jeweils einem Oberbegriff zuordnen. Welche sind es und wie lautet der Oberbegriff? Vorsicht: Er darf nicht auf drei Wörter zutreffen!

1. a: Woche   b: Kirche   c: Monat   d: Uhr   e: Freizeit

2. a: Achtung   b: Lob   c: Preis   d: Stolz   e: Sensation

3. a: Wellensittich   b: Zitteraal   c: Fuchs   d: Biber   e: Meerschweinchen

4. a: unwürdig   b: stolz   c: schuldig   d: anerkannt   e: angeklagt

39

Aus vieren der fünf Teilflächen a bis e lässt sich das große
Viereck links zusammenbauen. Welche ist überflüssig?

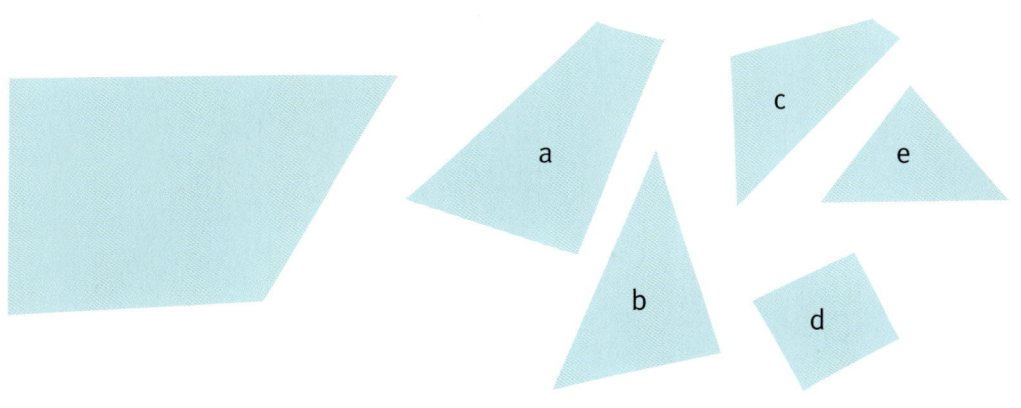

40

Welches der Quadrate
a bis e ergänzt die
Struktur korrekt?

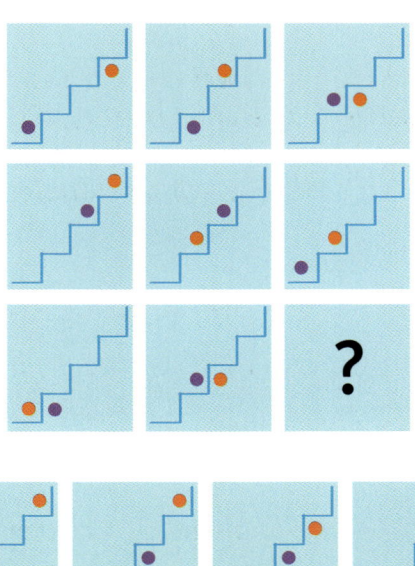

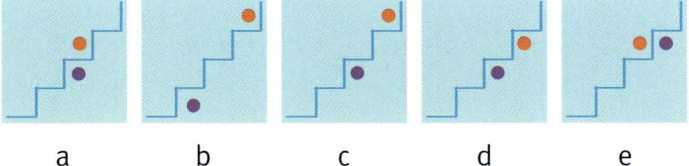

a b c d e

DER GROSSE SCHLUSSTEST

Probe aufs Exempel

Mit den folgenden Aufgaben können Sie überprüfen, inwieweit Sie durch das Training fit geworden sind und wie flexibel Ihre grauen Zellen inzwischen arbeiten. Doch auch hier soll der Spaß nicht vergessen werden. Genießen Sie das schöne Gefühl, wenn Sie eine Fragestellung gleich durchschaut haben. Aber lassen Sie sich auch nicht entmutigen, wenn Sie bei dem ein oder anderen Problem erst einmal nicht weiter wissen – es ist dann besser, Sie überspringen eine solche Aufgabe und nehmen sich die nächste vor. Oft ergibt sich die Lösung, wenn Sie später nochmals darauf zurückkommen.

Die richtige Einstimmung

Der große Abschlusstest umfasst doppelt so viele Aufgaben wie die beiden vorbereitenden Kapitel. Hier werden keine Zeitvorgaben gemacht. Die Idee ist vielmehr, dass Sie sich ausreichend Zeit nehmen. Rechnen Sie mit etwa zweimal 90 Minuten; eine Pause dazwischen sollten Sie sich natürlich gönnen. Prüfen Sie, wie weit Sie in der vorgesehenen Zeit kommen. Der Test gehört aber nicht zur Gattung der »Speed Tests«, bei denen Gruppen gleichwertiger Aufgaben mit zunehmendem Schwierigkeitsgrad gestellt werden. Das System der abwechselnden Themen wird hier beibehalten. So aktivieren Sie kurz hintereinander unterschiedliche Hirnareale. Auch das ist ein intensives Training. Denn geistige Flexibilität ist eines der Kennzeichen von Intelligenz. Gleichwohl geht es hier auch um den richtigen Umgang mit der Zeit.

Die Aufgaben sind nicht nach ansteigendem Schwierigkeitsgrad sortiert. Doch keine Sorge, die besonders kniffligen Aufgaben kommen nicht gleich am Anfang. Schließlich müssen Sie sich ja erst ein wenig »warm denken«. Sie finden die harten Nüsse immer wieder eingestreut in ein Umfeld von einigermaßen überschaubaren Problemstellungen. Das hat durchaus Methode, denn wenn Sie von vornherein wissen, dass die schwierigen Aufgaben immer am Schluss kommen, verlieren Sie Ihre Unbefangenheit. Das kann bis zu einer Blockade führen, die Ihnen dann sehr im Wege ist. Wenn Sie ohne negative Erwartungen mit einer Aufgabe beginnen, gehen Sie mutiger und frischer an sie heran. Im Übrigen ist ja das, was als schwierig gelten kann, von Person zu Person ganz unterschiedlich. Deshalb sind die Aufgaben nicht in Kategorien eingeteilt.

Wenn Sie auf eine Problemstellung stoßen, bei der Sie zunächst nicht weiterkommen, ist es wichtig, dass Sie sich nicht verbeißen. Der Sinn der Zeitvorgabe ist, dass Sie mit dieser Ressource ökonomisch umgehen und rechtzeitig zur nächsten Frage übergehen. Sie kennen sicher den Ehrgeiz, dass Sie unbedingt etwas lösen möchten, ganz egal, wieviel Zeit dafür nötig sein könnte. Sie verkneifen es sich auch, in den Lösungen nachzusehen. Das wird ein kleiner Wettkampf mit sich selbst. Daran will Sie niemand hindern; aber legen Sie solche Herausforderungen in einem ersten Durchgang beiseite. Versuchen Sie in der vorgegebenen Zeit so viele Aufgaben wie möglich zu lösen und Punkte zu sammeln wie bei einem realen Test.

Ganz legales Hirndoping

Eine Blut- oder Urinprobe muss man vor IQ-Tests nicht abgeben, auch wenn viele an alle möglichen Wundermittel glauben. Ein echtes Hirndoping gibt es so wenig wie den legendären »Nürnberger Trichter«, der einem das mühsame Lernen ersparen soll.

Und doch gibt es ein paar Hilfsmittel, die helfen, Zeit zu sparen und da und dort den richtigen Dreh für bestimmte Aufgaben schneller zu finden. Ihr Gedächtnis ist dabei gefordert. Man muss sich nicht mit Leonhard Euler (1707–1783) vergleichen, dem berühmten Mathematiker, der ein so phänomenales Gedächtnis hatte, dass er ganze Logarithmentafeln auswendig wusste.

Aber Sie sollten sich die Primzahlen bis 100 einprägen. Das sind nur 25 Zahlen, und wo immer sie auftauchen, da gelten eigene Gesetze. Normalerweise kommen in Intelligenztests keine wirklich großen Zahlen vor; deshalb helfen Ihnen die ersten Primzahlen in sehr vielen Fällen weiter und sparen Ihnen viel Zeit. Was bedeutet es, wenn man eine solche Zahl in einer Aufgabe entdeckt? Bekanntlich kann eine Primzahl nicht weiter in ganze Zahlen zerlegt werden. Sie ist gemäß der Definition nur durch sich selbst und durch 1 teilbar. Sie kann also selbst nur Teiler einer anderen Zahl sein. Bei zwei Primzahlen ist der größte gemeinsame Teiler stets die 1. Und das kleinste gemeinsame Vielfache ist das Produkt der beiden Zahlen. Wo Primzahlen auftauchen, können überraschende Dinge geschehen. Deshalb ist es gut, wenn man sie gleich erkennt.

DIE PRIMZAHLEN BIS 100
2, 3, 5, 7, 11, 13, 17, 19, 23, 29, 31, 37, 41, 43, 47,
53, 59, 61, 67, 71, 73, 79, 83, 89, 97

Viel Zeit gewinnen Sie auch, wenn Ihnen das große Einmaleins geläufig ist oder zumindest das kleine. Dieses beinhaltet alle Multiplikationen der Zahlen von 1 bis 10, das große reicht bis 20. Ferner sollten Sie die Quadratzahlen bis 400 wissen. Etwas wie 17×17 können Sie natürlich ausrechnen, sparen jedoch viel Zeit, wenn Sie parat haben, dass 289 herauskommt. Wenn Sie die Quadratzahlen kennen, haben Sie umgekehrt auch deren Quadratwurzeln im Griff. Dann müssen Sie nicht lange überlegen, wenn Sie Zahlen wie 169, 324, 64 auf Ihre Gemeinsamkeit hin beurteilen sollen: Es sind die Quadrate der Zahlen 13, 18 und 8.

Manchmal werden Buchstaben eingesetzt, die für Zahlen stehen. Buchstaben können als Variable natürlich für beliebige Zahlen stehen, aber wie steht es mit einer Folge wie 12, N, 16, R, 20? Was kommt als Nächstes? Hier werden die Buchstaben offenbar nach ihrer Position im Alphabet eingeordnet. N als 14. Buchstabe steht für die 14, R für die 18, Bildungsprinzip ist +2, also folgt auf die 20 der 22. Buchstabe des Alphabets, das V. Die Mischung aus Zahlen und Buchstaben bringt Sie hier wohl schnell auf die richtige Spur. Aber das Durchzählen des Alphabets können Sie sich sparen, wenn Sie die Nummern der 26 Buchstaben im Kopf haben. Auch das ist ein Schlüssel für manche Aufgaben.

EINIGE FALTVORLAGEN FÜR WÜRFEL

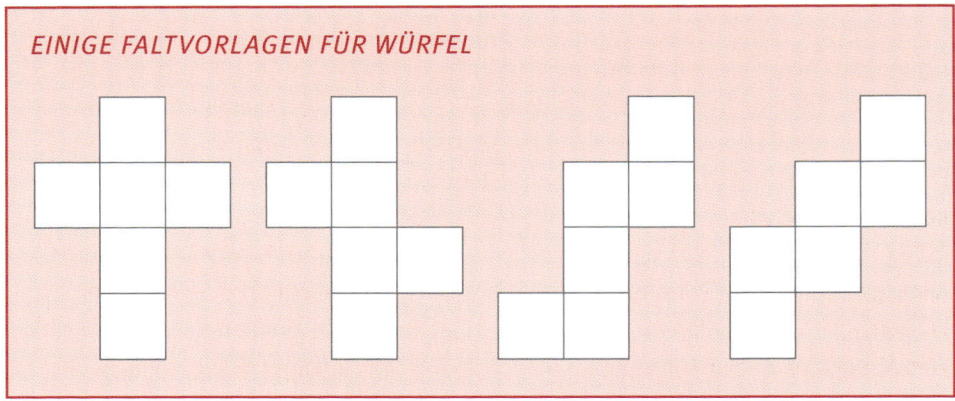

Im Bereich der visuellen Intelligenz können Sie ebenfalls gezielt üben. Fragen zu Würfeln kommen regelmäßig vor, entweder als Faltvorlagen oder als Abfolgen von Dreh- und Kippbewegungen. Wenn Sie gerne basteln, ist es eine gute Idee, sich die verschiedenen Bauvorlagen für Würfel genauer anzusehen und an Papiermodellen auszuprobieren, was alles möglich ist. Das macht Spaß und bringt immer wieder überraschende Resultate. Bei realen Testaufgaben können Sie nicht die Schere zücken; aber Trockenübungen können Sie machen. Die gängigen Faltmuster können Sie auf Papier übertragen und die Kästchen bemalen oder beschriften und dann betrachten, was mit den Flächen passiert, wenn Sie sie zum Würfel falten. Sie werden dabei erkennen, welche Flächen benachbart sein können und wie sich gegebenenfalls die Orientierung von Bildelementen ändert. Doch nicht nur mit Zahlenakrobatik und Würfelspielen steht und fällt ein Test, Sie sollten sich auch mental darauf einstellen, um optimale Ergebnisse zu erzielen.

Entspannung …

Prüfungssituationen haben Sie bereits erlebt und all die Anspannung, Nervosität und Versagensangst vor und während der Prüfung durchlitten. Das bleibt Ihnen hier natürlich erspart. Doch sind Sie wirklich entspannt und ausgeschlafen? Erinnern Sie sich an den »Mozart-Effekt«, der die Menschen zwar nicht klüger, aber gelassener gemacht hat. Sie sollten den Test auf alle Fälle gut ausgeruht und entspannt angehen können. Wählen Sie nicht gerade die Zeit Ihres Leistungstiefs, sondern die Tageszeit, die Ihrem Biorhythmus am besten entspricht. Manche Menschen laufen am frühen Morgen zu Hochform auf, andere erreichen ihre Höchstleistung erst am Abend. Niemand hindert Sie daran, Ihre optimale Zeit zu wählen. Versuchen Sie zu organisieren, dass Sie in dieser Zeit ungestört sind und dass jegliche Ablenkung unterbleibt. Wählen Sie einen hellen, bequemen Platz, an dem Sie sich wohlfühlen und ungestört arbeiten können. Verzichten Sie auf Beschallung. Mozart vor dem Test – oder auch Walgesänge oder AC/DC … – alles in Ordnung, wenn es Ihnen guttut, aber während des Tests sollte Ruhe herrschen.

… und Ernährung

Die Rolle von Essen und Trinken wird häufig unterschätzt. Es liegt auf der Hand, dass Sie mit knurrendem Magen kein Höchstmaß an Konzentration aufbringen können. Doch auch ein allzu voller Magen, das wussten schon die alten Römer, behindert das Studieren, also das Denken. Andererseits ist jegliche Nahrung im Grunde auch Gehirnnahrung. Schon unter normalen Umständen verbraucht unser »Rechenzentrum« etwa 20 Prozent der zugeführten Energie. Von einem der wichtigsten Brennstoffe im Körper, der Glukose, konsumiert es sogar fast 60 Prozent. Das entspricht pro Tag etwa dem Zuckergehalt von zwei Tafeln Schokolade. Um keine falschen Hoffnungen zu wecken: Fürs Abnehmen ist Denksport vollkommen ungeeignet. Gehirnjogging trainiert leider nur den Denkmuskel.

Besonders empfohlen wird Fisch mit seinen Omega-3-Fettsäuren. Ebenso nützlich sind Lebensmittel, die Vitamin-B_{12} (Folsäure) liefern: Eier, Nüsse, Weizenkleie, Gemüse und Obst. Normalerweise liefert unsere Nahrung mehr als genügend Brennstoff. Wer jemals eine Reduktionsdiät gemacht hat, wird feststellen, dass das Denken in dieser Zeit keineswegs beeinträchtigt ist. Unser Körper hat ausreichend Energie gespeichert und kann recht lange davon zehren. Manche Diätbegeisterte behaupten sogar, dass sie einige Zeit nach dem Einstieg das Gefühl haben, sogar klarer denken zu können, als wenn sie nach nomaler Routine täglich drei Mahlzeiten einnehmen. Das gilt sogar für Nulldiäten. Daraus ist zumindest der Schluss zulässig, dass man eher mit weniger Nahrung, einem nicht zu üppigen Frühstück oder Mittagessen, an die Aufgaben herangehen sollte.

Sie sollten also rechtzeitig vor einem Test etwas Leichtes zu sich nehmen und dabei das Trinken nicht vergessen. Die letzte Mahlzeit darf schon eine oder zwei Stunden zurückliegen. Ausreichend Flüssigkeit, am besten Wasser, Kräutertee oder Fruchtsaft, ist natürlich unerlässlich. Kaffee oder Schwarztee scheinen bei manchen Menschen die Konzentration zu fördern, andere wiederum macht Koffein eher unruhig und nervös, was der Aufmerksamkeit schadet. Alkohol mag seinen Platz nach getaner Arbeit haben, ist aber bekanntlich Gift für den Grips.

Den Spaß nicht vergessen

Sie sollten Spaß und Freude am »Denksport« haben. Mit seinen geistigen Fähigkeiten zu spielen und sie auszutesten, ist immer auch mit Lust verbunden. Denn kaum etwas ist schöner als das Aha-Erlebnis, das mal früher, mal später eintritt. Da, wo Ihnen die Lösung nicht gleich in den Schoß gefallen ist, wo Sie länger gegrübelt haben, werden Sie dieses Gefühl wahrscheinlich am stärksten empfinden. Nehmen Sie also die Herausforderung an und lassen Sie sich ein auf das kleine Abenteuer des Denkens.

01

Welche der Zahlen a bis e ersetzt korrekt das Fragezeichen?

a: 111

b: 2

c: 17

d: 45

e: 7

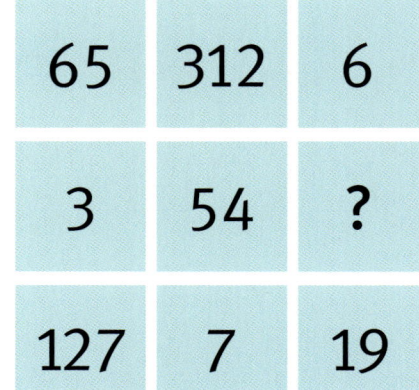

02

Welches Wort kann jeweils so zwischen die beiden vorgegebenen Wörter eingefügt werden, dass es sowohl mit dem ersten als auch mit dem zweiten ein gebräuchliches Wort bildet?

1. LÖSE _ _ _ _ BETRAG

2. BERG _ _ _ _ STATT

3. BRAUT _ _ _ _ HUFER

4. TRENN _ _ _ _ BAR

03

Welche der Figuren a bis e fällt aus der Reihe?

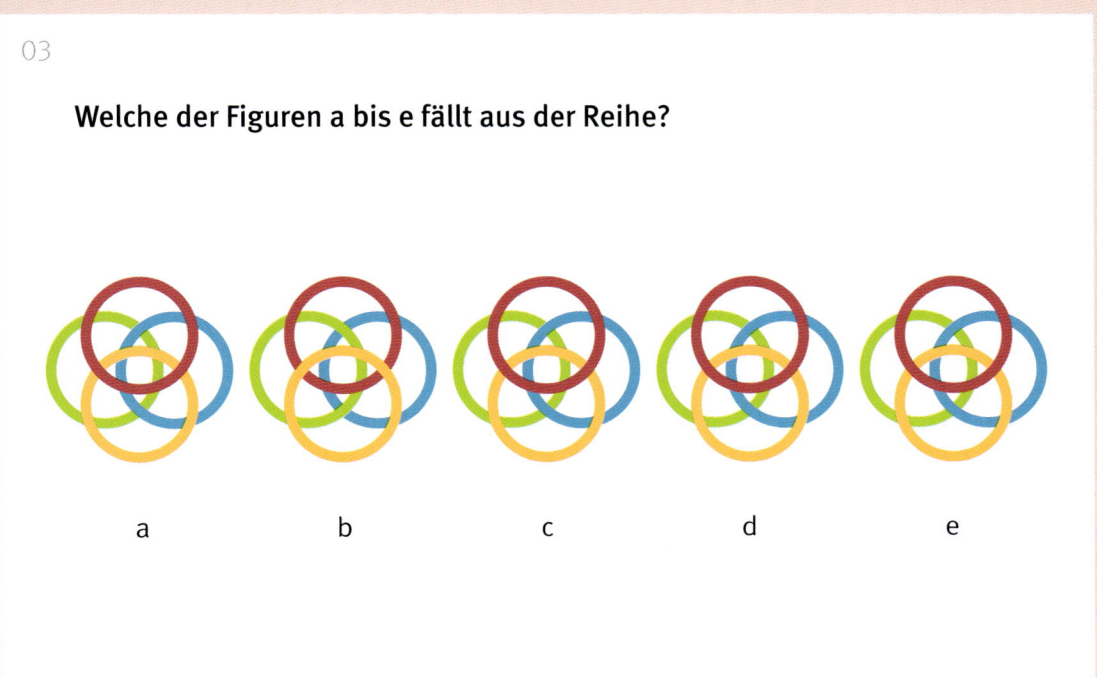

a   b   c   d   e

04

**Welcher der Farbstreifen
a bis e setzt die obere
Reihe folgerichtig fort?**

?

a   b   c   d   e

05

Welches der Objekte a bis e ließe sich aus der Faltvorlage rechts herstellen?

a   b   c   d   e

06

Welches der Gebilde a bis e setzt die obere Reihe logisch fort?

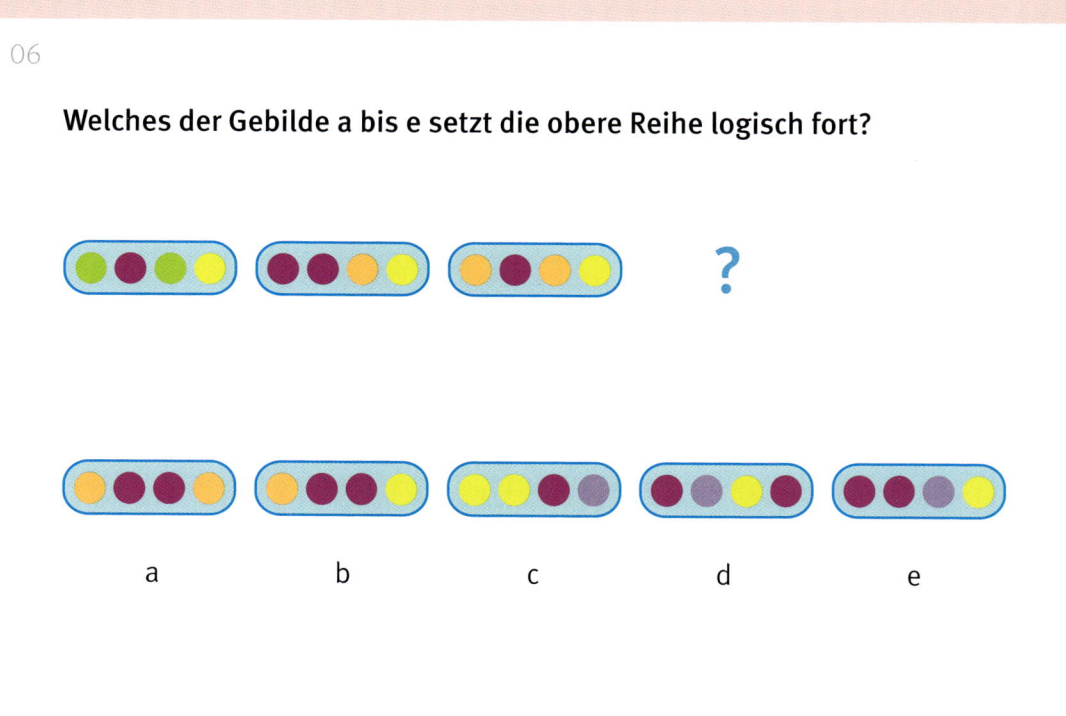

a   b   c   d   e

07

Welches der Zahlenpaare a bis e ersetzt das Fragezeichen passend?

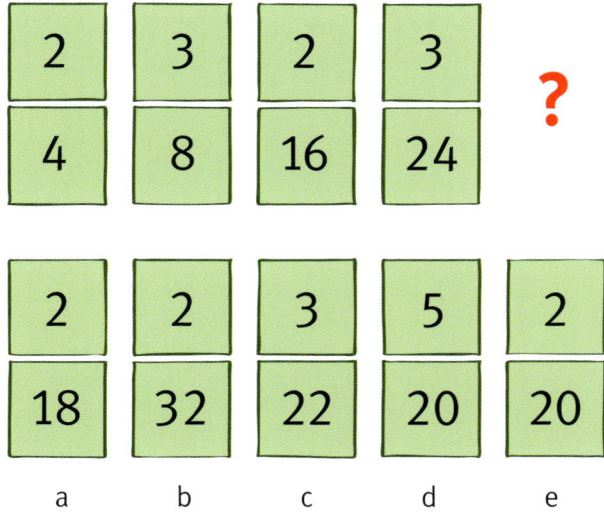

2	3	2	3	**?**
4	8	16	24	

2	2	3	5	2
18	32	22	20	20
a	b	c	d	e

08

Drei Gruppen von je fünf Wörtern: Finden Sie jeweils den nicht in seine Reihe passenden Begriff.

1. a: Reportage   b: Bericht   c: Interview   d: Floskel   e: Feature

2. a: Nebel   b: Nahkampf   c: Nagel   d: Wahrzeichen   e: Neffe

3. a: wagen   b: lassen   c: sagen   d: wiegen   e: rügen

09

Welches der Quadrate a bis e setzt die obere Reihe richtig fort?

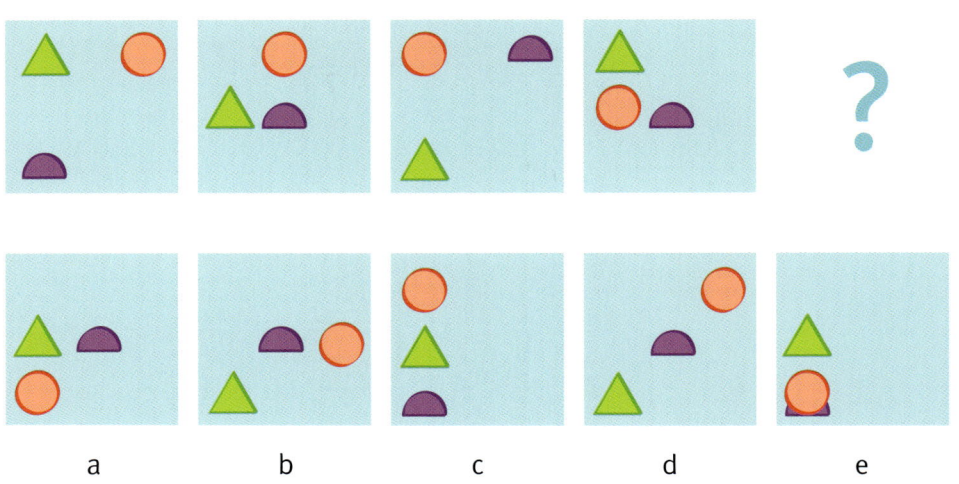

a   b   c   d   e

10

**Welche der Figuren a bis e erfüllt dieselbe Bedingung
wie die vorgegebene darüber?**

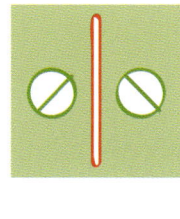

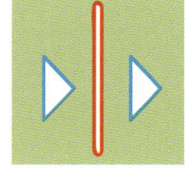  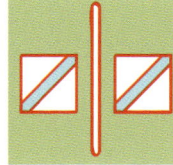 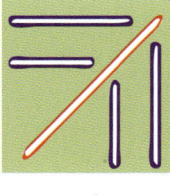 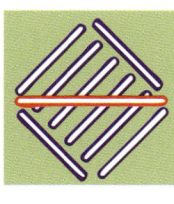

a   b   c   d   e

11

Welche der Zahlen a bis e passt am besten zu den Zahlen im Oval?

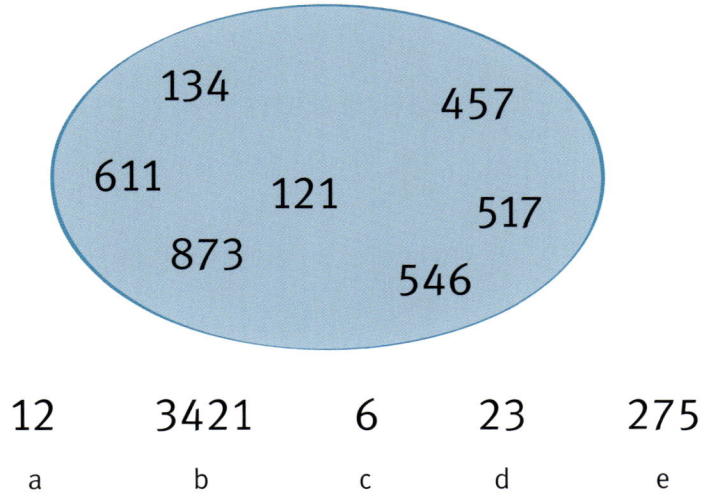

12	3421	6	23	275
a	b	c	d	e

12

»Was Hänschen nicht lernt, lernt Hans nimmermehr.«

Welches der Sprichwörter a bis e kommt dem Sprichwort oben inhaltlich am nächsten?

a: Die Axt im Haus erspart den Zimmermann.

b: Früh übt sich, was ein Meister werden will.

c: Morgenstund' hat Gold im Mund.

d: Sich regen bringt Segen.

e: Ohne Fleiß keinen Preis.

13

Welches der Wörter a bis e drückt am ehesten das Gegenteil des vorgegebenen Worts aus?

versprechen

a: lügen   **b:** betrügen   **c:** verhindern

d: absagen   **e:** entgegnen

14

Welche der Zahlen-kombinationen a bis e gehört folgerichtig an die Stelle des Fragezeichens?

7	4	6	4	?
9	8	5	11	
2	7	9	6	

3	10	6	9	5
13	2	3	7	11
7	8	9	6	2

| a | b | c | d | e |

15

Welche der Figuren a bis e fällt aus der Abfolge heraus?

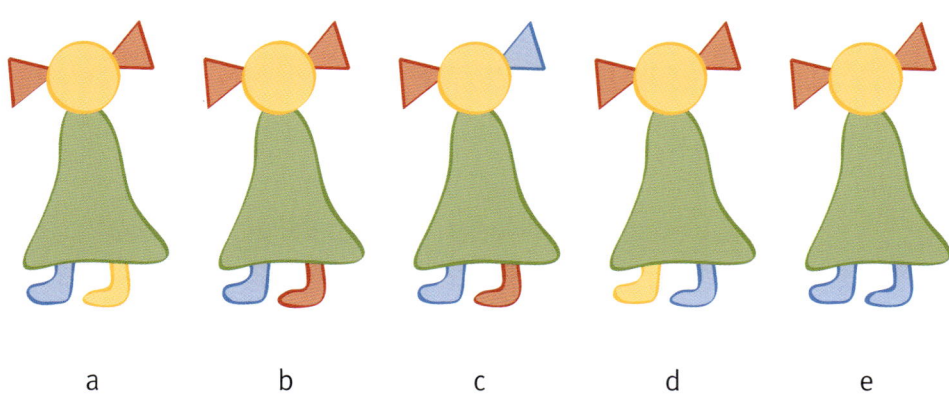

| a | b | c | d | e |

16

Welche der Figuren a bis e passt nicht zu den anderen?

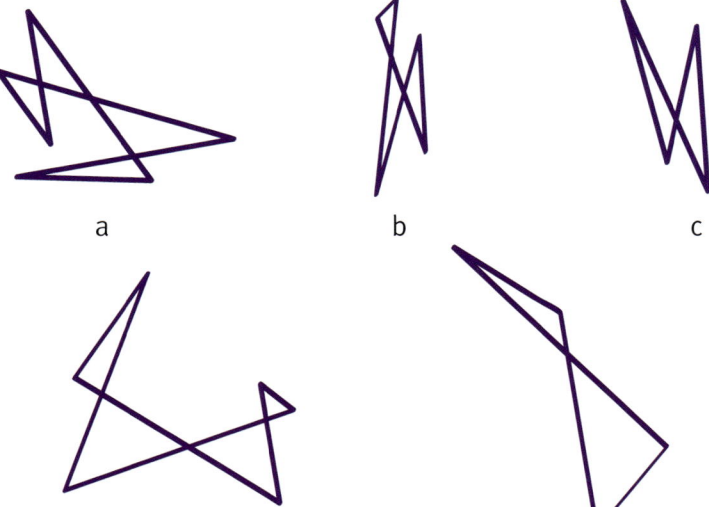

17

Welches der Wörter a bis e drückt am ehesten das Gegenteil des vorgegebenen Worts aus?

Kapital

a: Geld   **b:** Konto   **c:** Schulden

d: Budget   **e:** Wert

18

Welches der Quadrate a bis e ergänzt die Struktur logisch korrekt?

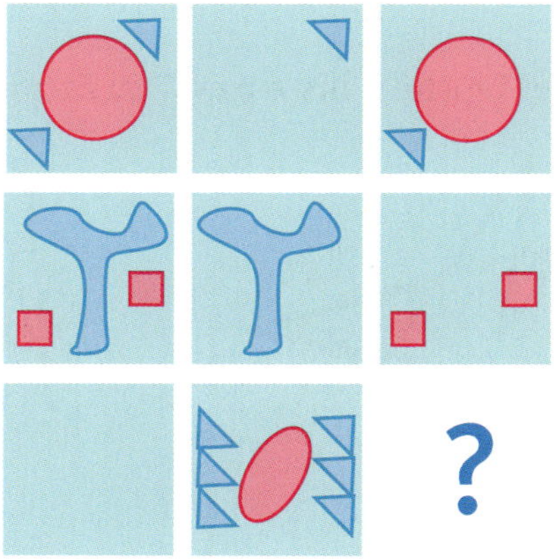

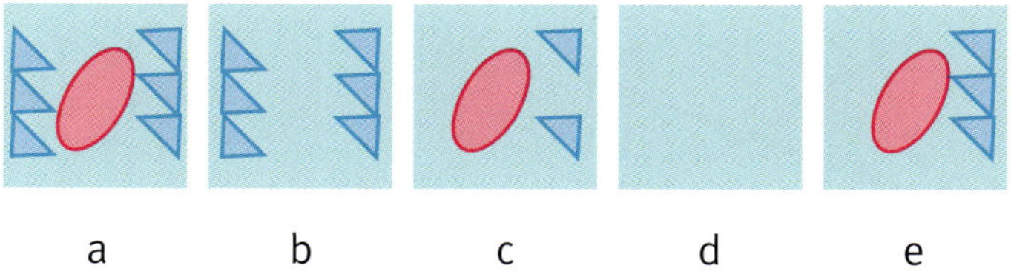

a   b   c   d   e

19

Welche Zahl müsste an der Position des Fragezeichens stehen?

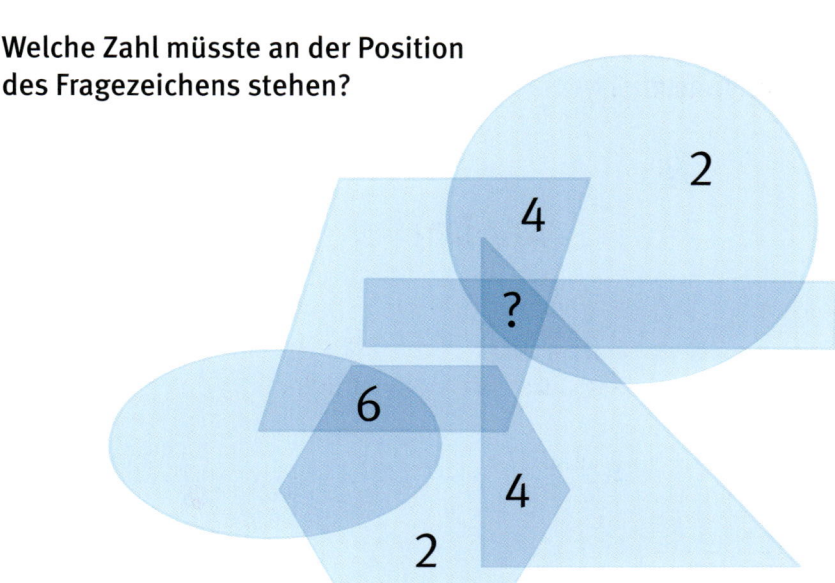

20

Welcher der Würfel a bis e passt zu den vier Würfeln der oberen Reihe?

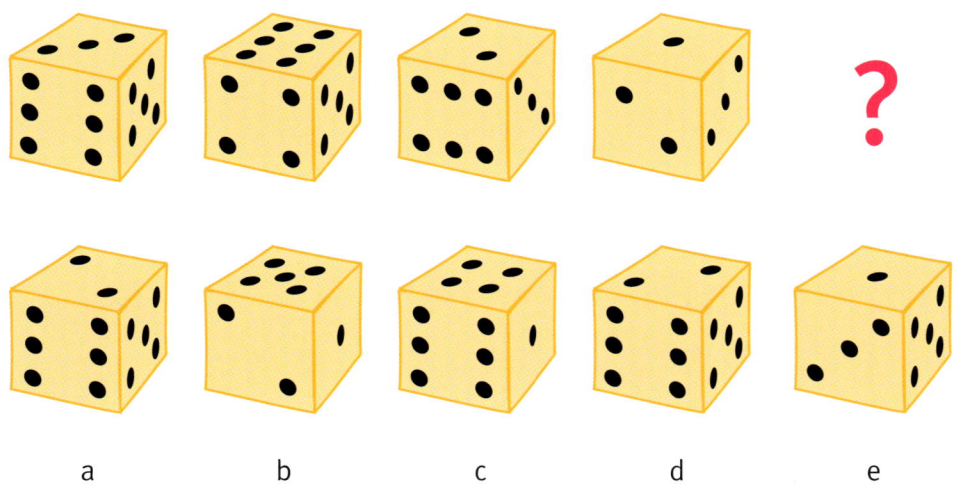

a   b   c   d   e

21

In diese Zahlenreihe hat sich ein Fehler eingeschlichen.
Welche Zahl entspricht nicht dem Bildungsprinzip der Reihe?

$$6, 11, 23, 45, 90, 181, 363$$

22

Welcher der Würfel a bis e kann
aus der abgebildeten Faltvorlage
hergestellt werden?

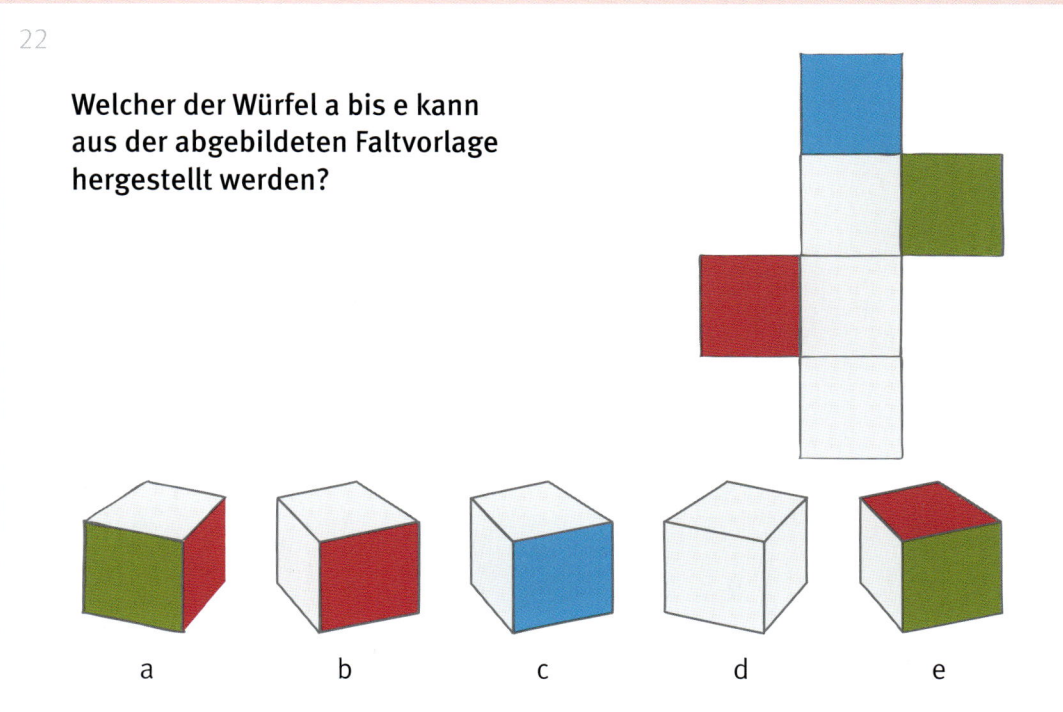

a   b   c   d   e

23

**Welches der Muster a bis e
ersetzt das Fragezeichen
passend zur Struktur?**

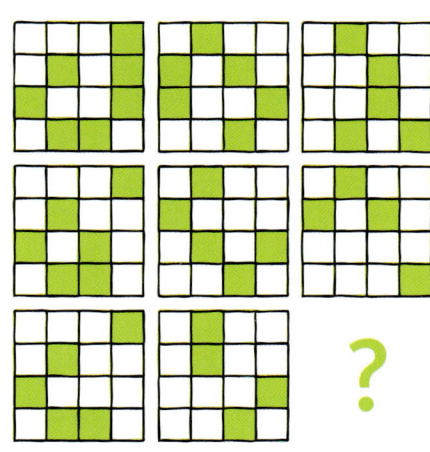

    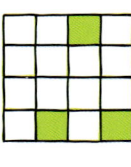

a   b   c   d   e

24

**Welche Buchstabenfolge ergänzt alle Endungen
gleichermaßen zu ganzen Wörtern?**

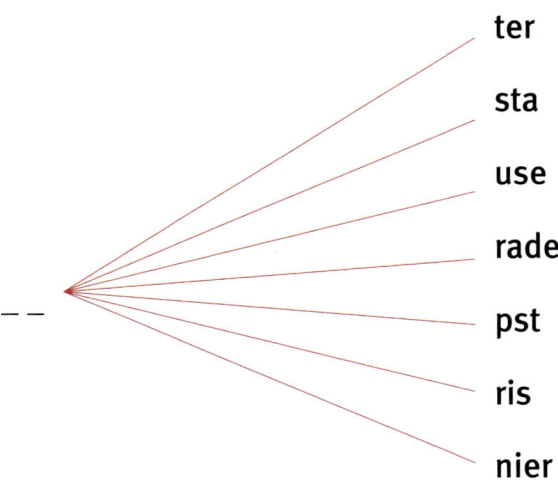

ter

sta

use

rade

pst

ris

nier

– –

25

Welches der Rechtecke a bis e gehört folgerichtig an die Stelle des Fragezeichens in der Gleichung?

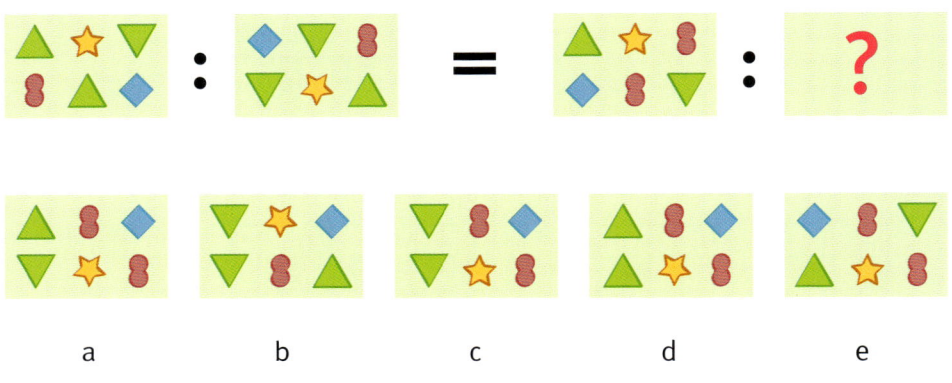

a   b   c   d   e

26

Wie viele einzelne Außenflächen hat der abgebildete massiv gegossene Körper?

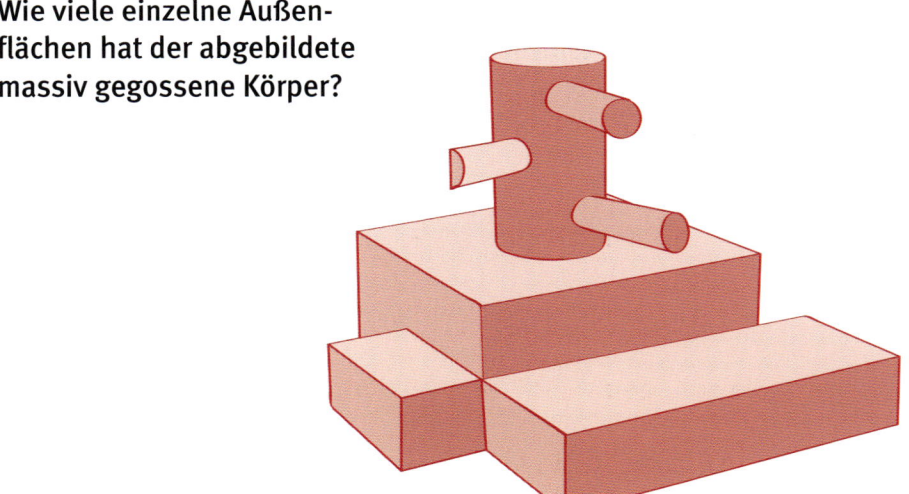

27

Welche Zahl gehört in den Bogensektor mit dem Fragezeichen?

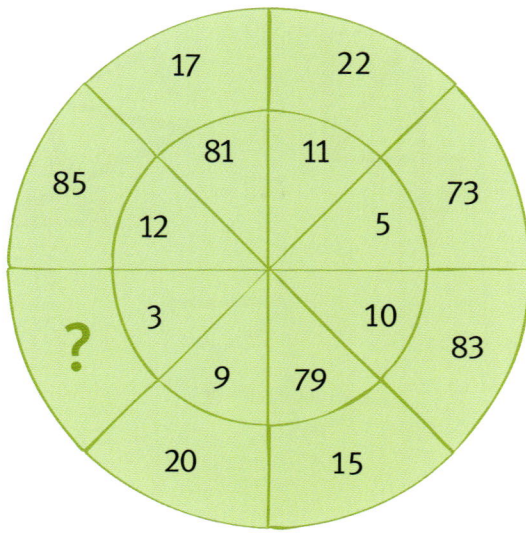

28

Vier Gruppen von Wörtern: Zwei und nur zwei der Begriffe a bis e lassen sich jeweils einem gemeinsamen Oberbegriff zuordnen. Welche sind es und wie lautet der Oberbegriff? Vorsicht: Der Oberbegriff darf nie auf drei Wörter zutreffen!

1. a: Zentimeter   b: Liter   c: Masse   d: Raum   e: Tiefe

2. a: auf   b: wegen   c: in   d: gerade   e: teils

3. a: Schwalbe   b: Spatz   c: Pinguin   d: Strauß   e: Taube

4. a: Sonne   b: Jupiter   c: Mond   d: Erde   e: Komet

29

Welche der Figuren a bis e fällt aus dem Rahmen?

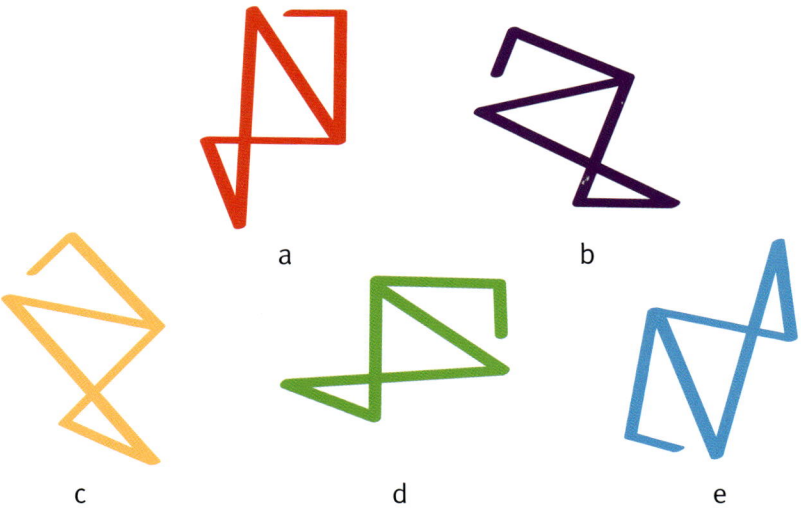

a

b

c

d

e

30

Welche der Illustrationen a bis e ergänzt das Trinkgelage folgerichtig?

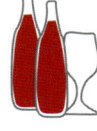

a

b

c

d

e

31

Welcher Buchstabe gehört in das Quadrat mit dem Fragezeichen?

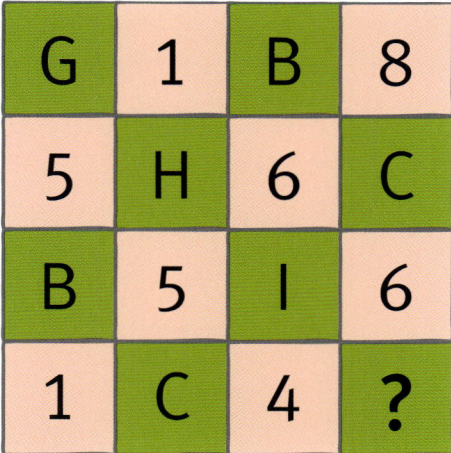

32

Welches der Wörter a bis e passt jeweils sinngemäß am besten an die Stelle des Fragezeichens auf der rechten Seite der Gleichung?

1. **Grundstück : Hecke = Zimmer : ?**
   a: Fenster   b: Boden   c: Mauer   d: Decke   e: Wand

2. **Kopf : Mund = Schädel : ?**
   a: Knochen   b: Gebiss   c: Zahn   d: Haare   e: Stirn

3. **wenig : unter = viel : ?**
   a: über   b: neben   c: auf   d: bei   e: durch

4. **Brot : Butter = Braten : ?**
   a: Gabel   b: Belag   c: Soße   d: Fett   e: Saft

33

Welche Zahl gehört in das Feld mit dem Fragezeichen?

	12			
			24	
31				
				45
		?		

34

Welcher der Körper a bis e kann aus der Faltvorlage rechts hergestellt werden?

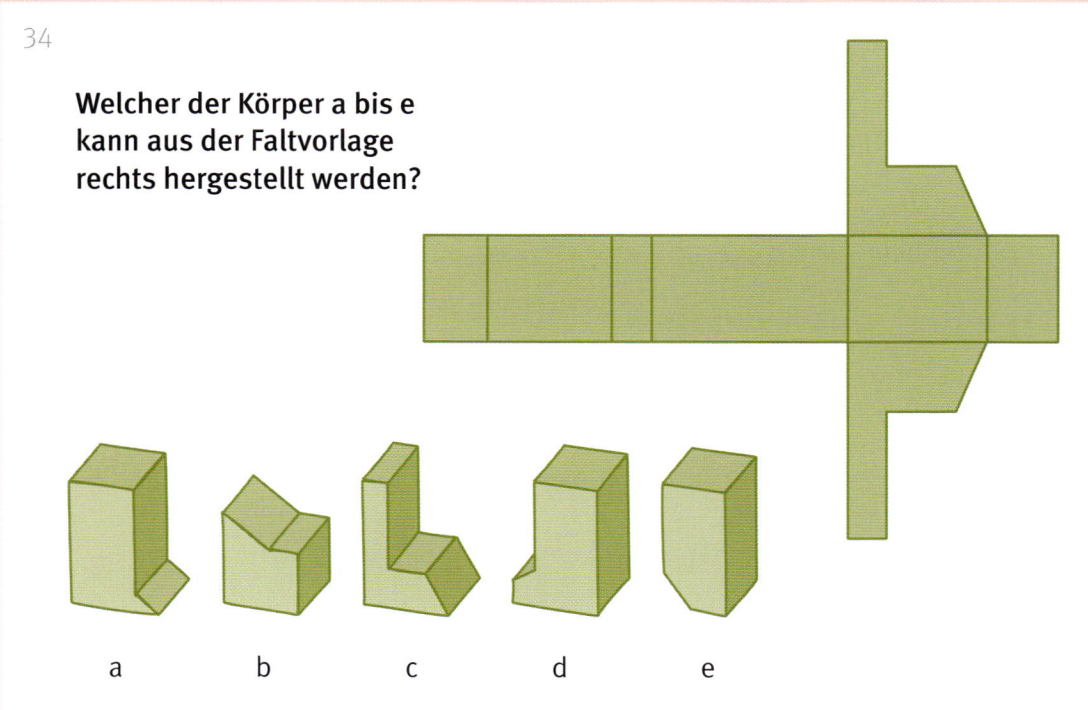

a   b   c   d   e

35

Welches der Objekte a bis e ist passend an die obere Reihe anzusetzen?

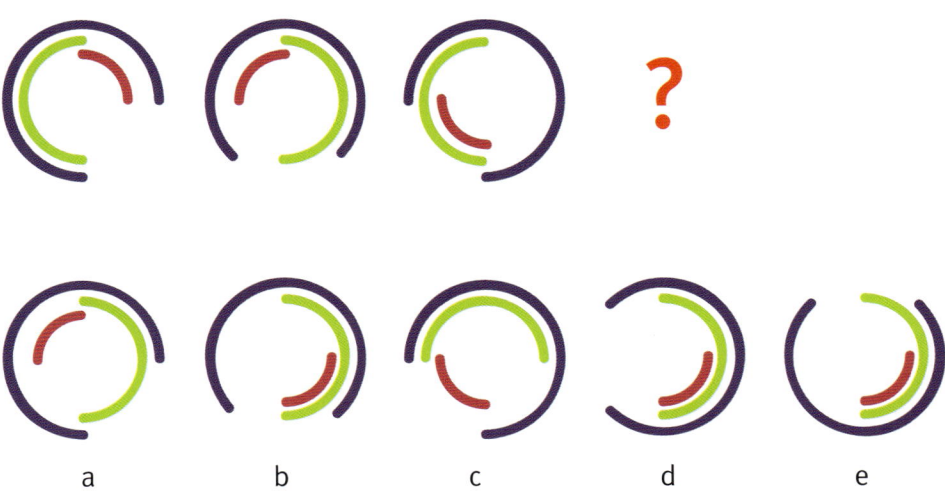

a   b   c   d   e

36

Vier Gruppen von je fünf Wörtern: Finden Sie jeweils den am wenigsten in seine Reihe passenden Begriff.

1.   a: Kirche   b: Glocke   c: Turm   d: Gebet   e: Altar

2.   a: Knolle   b: Tomate   c: Kartoffel   d: Zwiebel   e: Rübe

3.   a: Gebärde   b: Mimik   c: Gestik   d: Lächeln   e: Zittern

4.   a: Mortadella   b: Mozzarella   c: Espresso   d: Cheddar   e: Spaghetti

37

Welches der Zahlendreiecke a bis e wäre an der Stelle des Dreiecks mit den Fragezeichen zu erwarten?

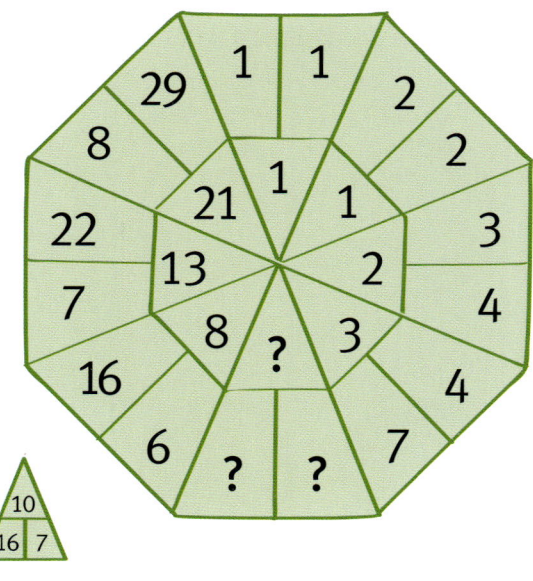

38

Welches Wort passt jeweils zwischen die beiden vorgegebenen Wörter, so dass es sowohl mit dem ersten als auch mit dem zweiten ein gebräuchliches Wort bildet?

1.   FAHRT _ _ _ _ SCHEIBE

2.   KLEIN _ _ _ WILLE

3.   WASSER _ _ _ _ _ _ _ SPRACHE

4.   AUS _ _ _ _ SCHREIBER

39

Welcher der Würfel a bis e kann aus der abgebildeten Faltvorlage hergestellt werden?

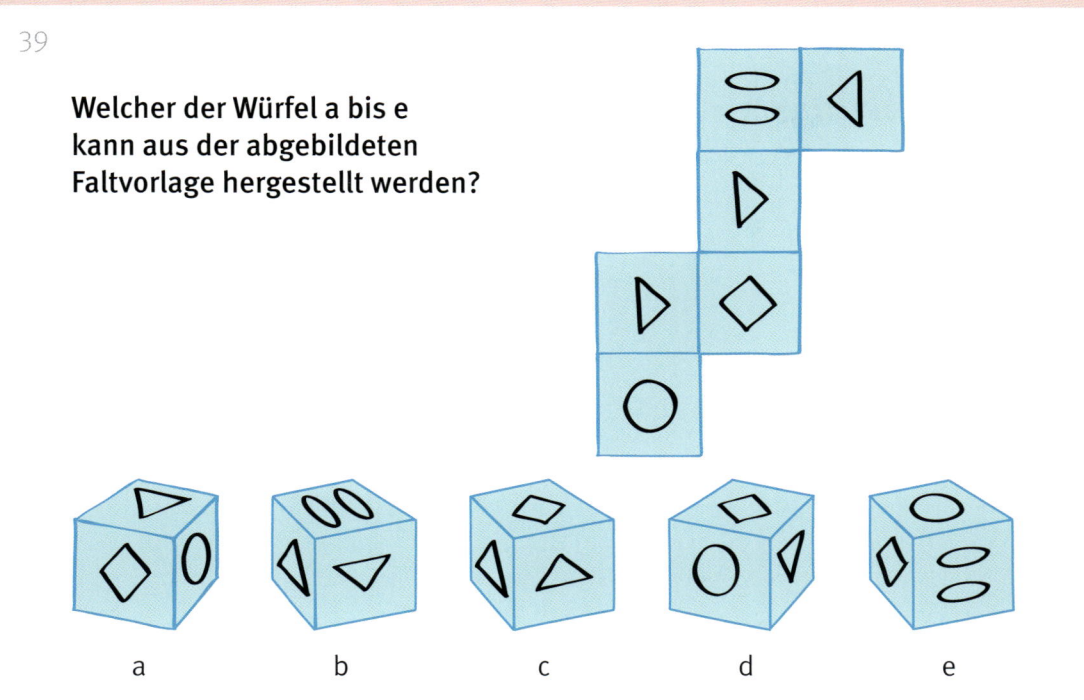

a   b   c   d   e

40

Welches der Quadrate a bis e setzt die obere Reihe logisch fort?

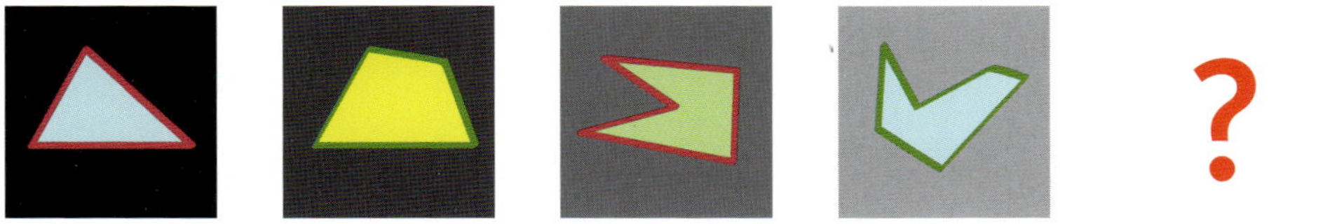

a   b   c   d   e

41

Welche der Zahlen passt nicht zu den anderen?

a:	534.387
b:	194.772
c:	354.783
d:	227.595
e:	259.386

42

**Welches der Felder a bis e
ergänzt logisch passend
die Struktur?**

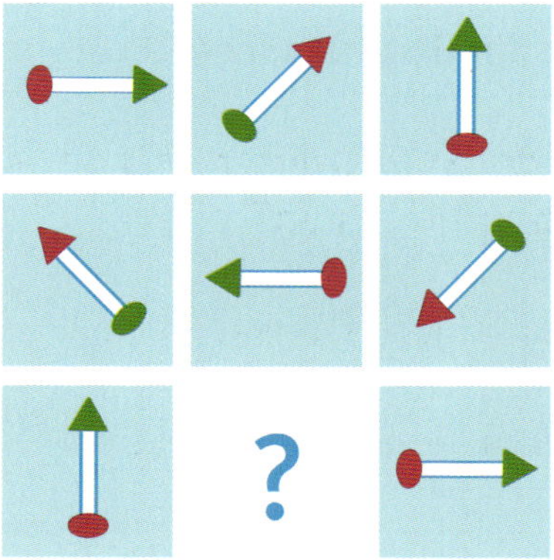

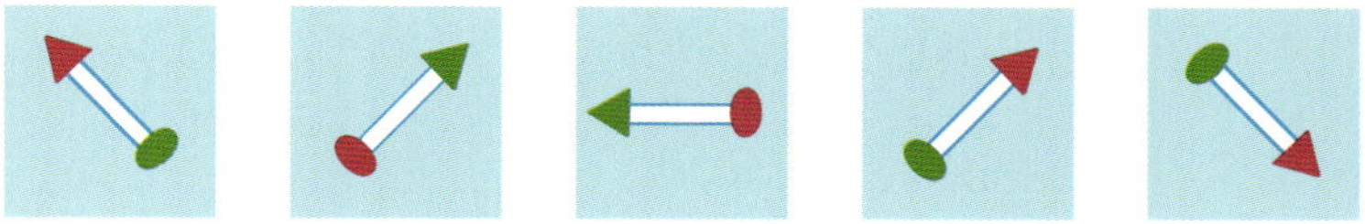

a   b   c   d   e

43

Welches der Gebilde a bis e gehört an die Stelle des Fragezeichens auf der rechten Seite der Gleichung?

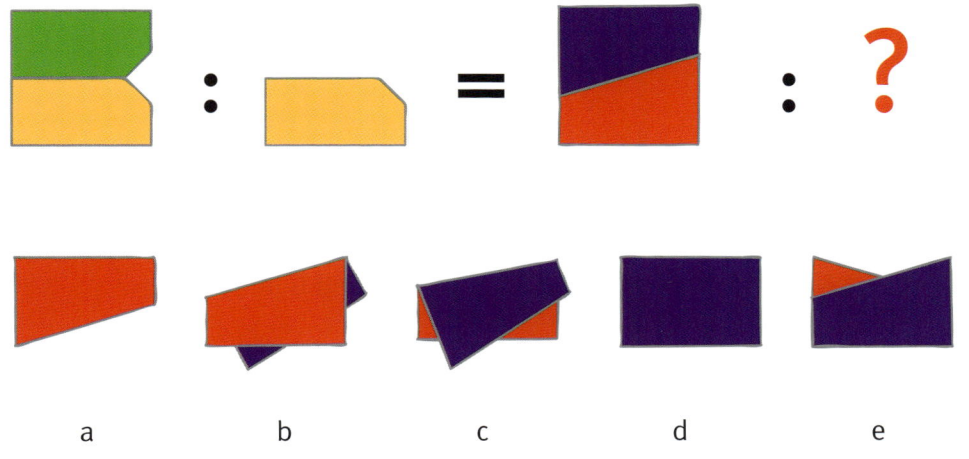

a   b   c   d   e

44

»Grau ist alle Theorie.«

Welches der Sprichwörter a bis e kommt dem Sprichwort oben inhaltlich am nächsten?

a: Träume sind Schäume.

b: Taten sagen mehr als Worte.

c: Knapp daneben ist auch vorbei.

d: Reden ist Silber, Schweigen ist Gold.

e: Wo ein Wille ist, ist auch ein Weg.

45

Welches der Wörter a bis e drückt am ehesten das Gegenteil des vorgegebenen Worts aus?

enorm

a: eisig   **b:** durchschnittlich

c: absolut   **d:** ordentlich   **e:** spektakulär

46

Welche Zahl gehört in den Kreis mit dem Fragezeichen?

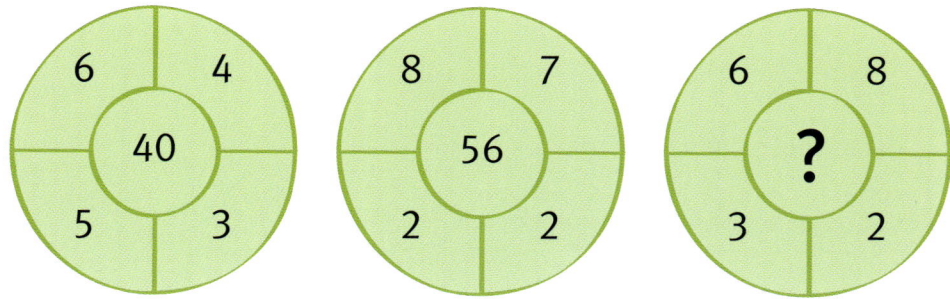

47

Welches der Bilder a bis e gehört an die Stelle des Fragezeichens auf der rechten Seite der Gleichung?

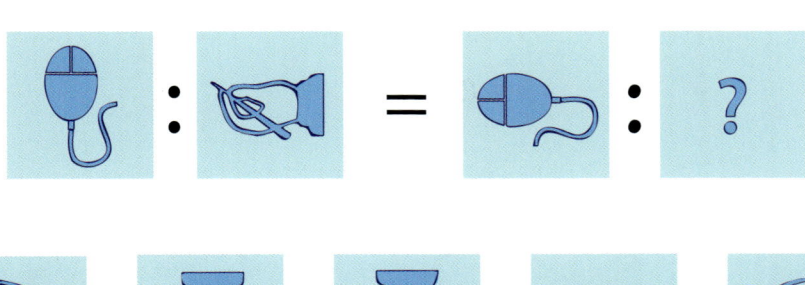

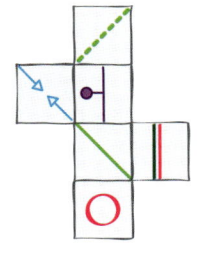

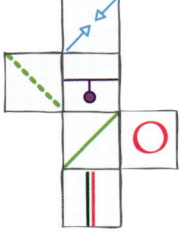

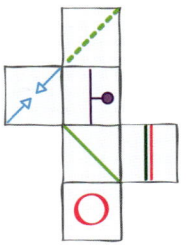

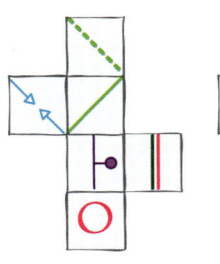

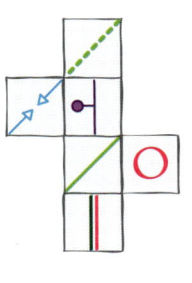

a   b   c   d   e

48

Aus welcher der Faltvorlagen a bis e lässt sich der rechts gezeigte Würfel falten?

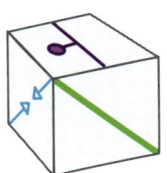

a   b   c   d   e

49

Welches der Gebilde a bis e setzt die Sequenz passend fort?

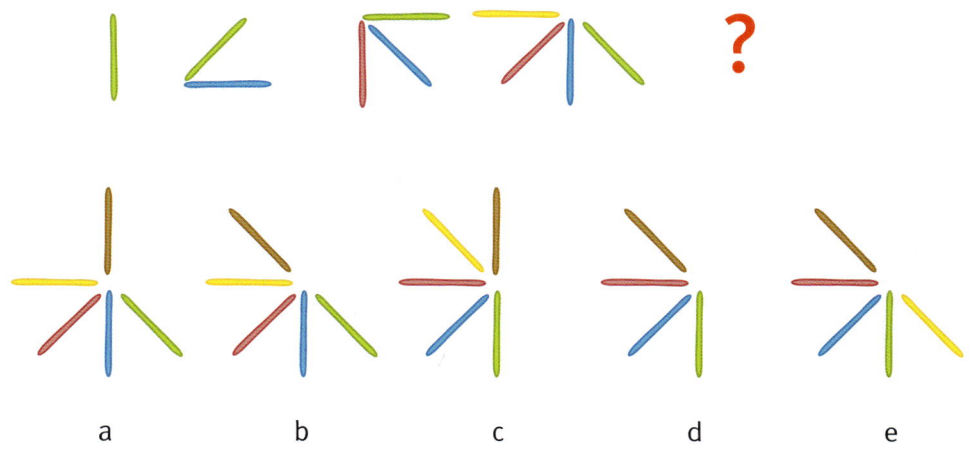

a   b   c   d   e

50

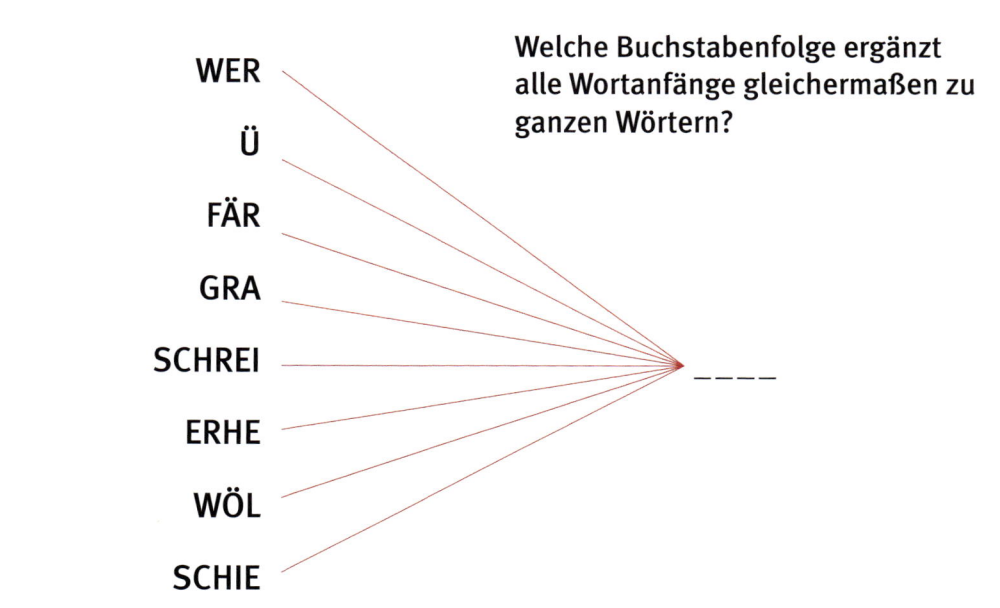

Welche Buchstabenfolge ergänzt alle Wortanfänge gleichermaßen zu ganzen Wörtern?

WER

Ü

FÄR

GRA

SCHREI

ERHE

WÖL

SCHIE

_ _ _ _

51

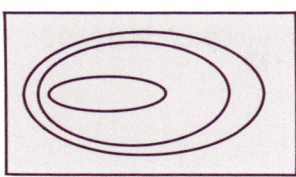 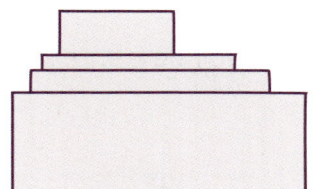

Oben sehen Sie die Draufsicht und die Vorderansicht eines Objekts. Welche der Ansichten a bis e zeigt denselben Körper von rechts?

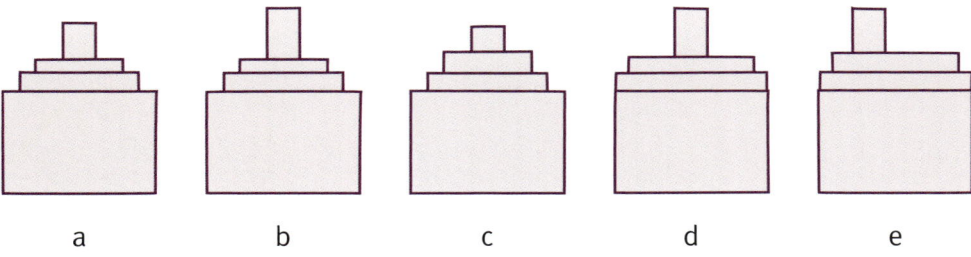

| a | b | c | d | e |

52

Welche Zahl ersetzt passend zur Regel das Fragezeichen?

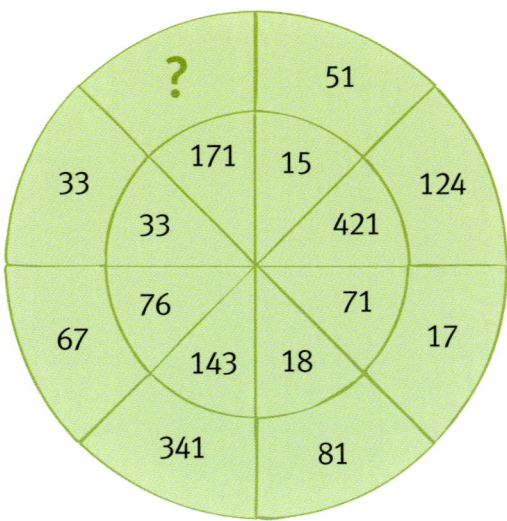

53

Welche der Uhren a bis e gehört folgerichtig ans Ende der oberen Reihe?

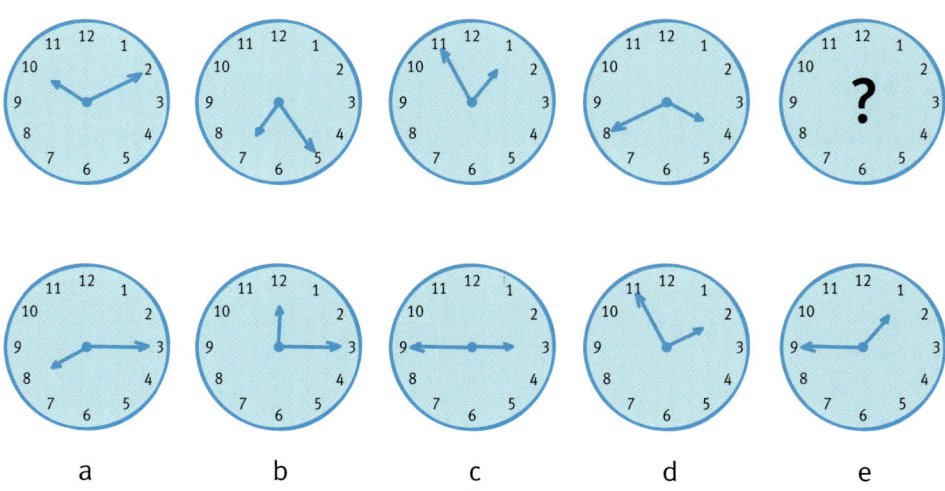

a   b   c   d   e

54

Welche der Figuren a bis e fällt aus dem Rahmen?

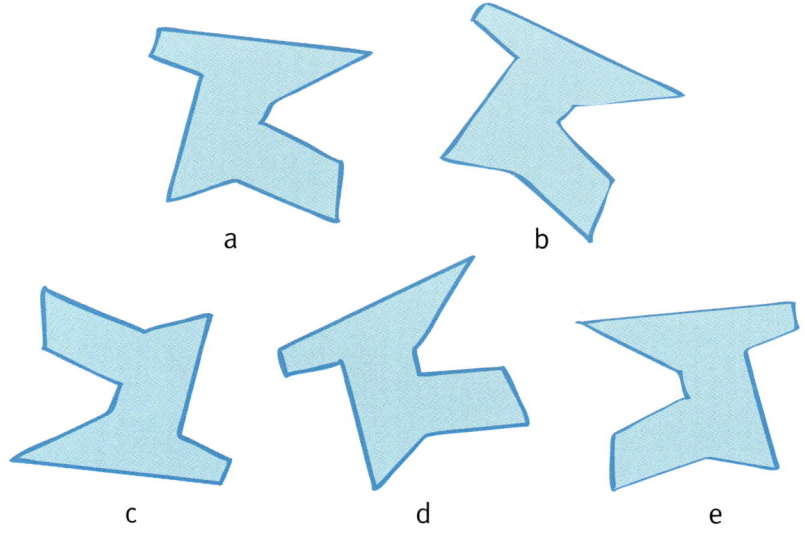

a   b

c   d   e

55

Welches der Wörter a bis e passt jeweils am besten an die Stelle des Fragezeichens auf der rechten Seite der Gleichung?

1. **Eber : Rebe = ein : ?**
   a: zwei   b: nie   c: neu   d: die   e: nein

2. **Affe : Alster = Baum : ?**
   a: Banane   b: Bügel   c: Bart   d: Bauch   e: Gebirge

3. **Schnee : Kristall = Text : ?**
   a: Wort   b: Strich   c: Farbe   d: Sinn   e: Tinte

4. **Ampel : Lampe = Sache : ?**
   a: Licht   b: Achse   c: Strom   d: Ding   e: Luft

56

Welche der Zahlen a bis e passt am besten zu den Zahlen im Oval?

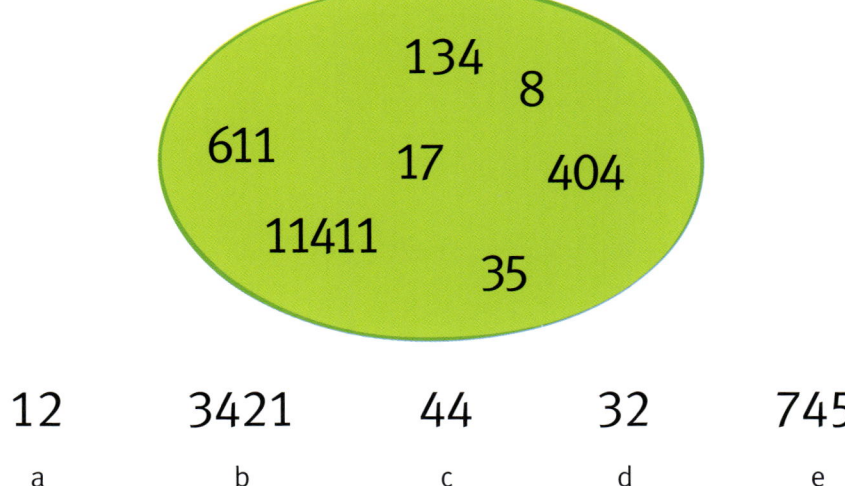

12	3421	44	32	745
a	b	c	d	e

57

Zwei Gruppen von Rechtecken mit farbigen Formen darin. Bestimmen Sie für jedes der Rechtecke a bis e, zu welcher Gruppe es gehört.

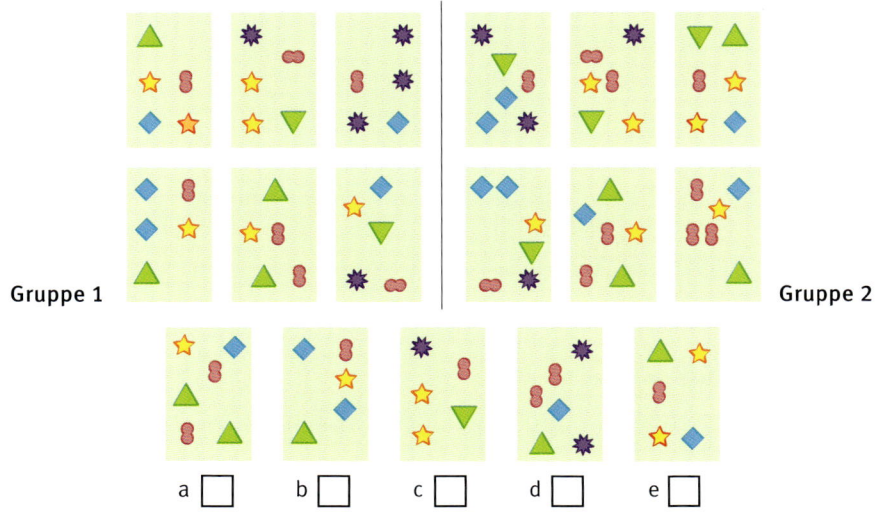

Gruppe 1

Gruppe 2

a ☐   b ☐   c ☐   d ☐   e ☐

58

»Schuster, bleib bei deinem Leisten.«

Welches der Sprichwörter a bis e kommt dem Sprichwort oben inhaltlich am nächsten?

a: Selbsterkenntnis ist der erste Weg zur Besserung.

b: Selbst ist der Mann.

c: Schmiede das Eisen, solange es heiß ist.

d: Jeder kehre vor seiner eigenen Tür.

e: Sprich nicht von Dingen, die du nicht verstehst.

59

Aus vieren der fünf Teilflächen a bis e lässt sich ein Quadrat zusammensetzen. Welches Stück ist überflüssig?

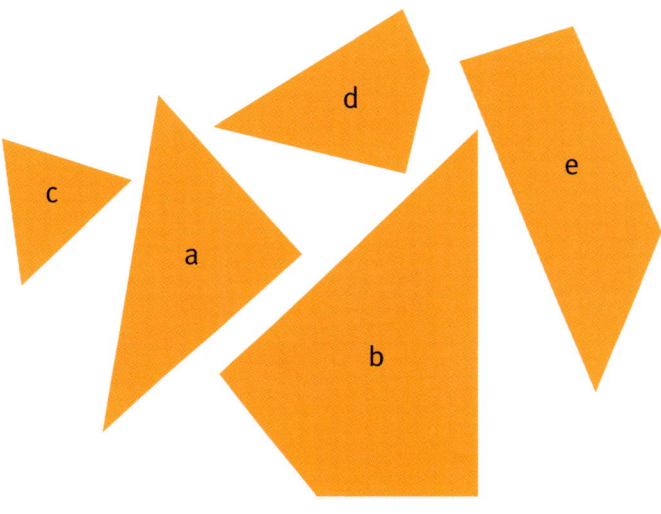

60

Welche Zahl gehört in den Bogensektor mit dem Fragezeichen?

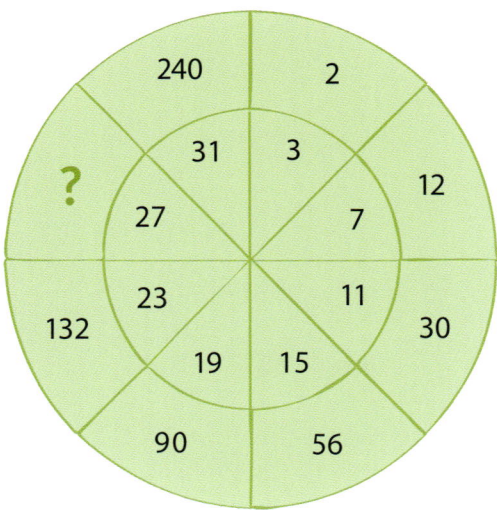

61

Aus welcher der Faltvorlagen
a bis e lässt sich der rechts
gezeigte Würfel nicht falten?

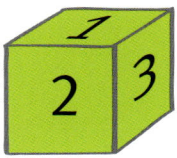

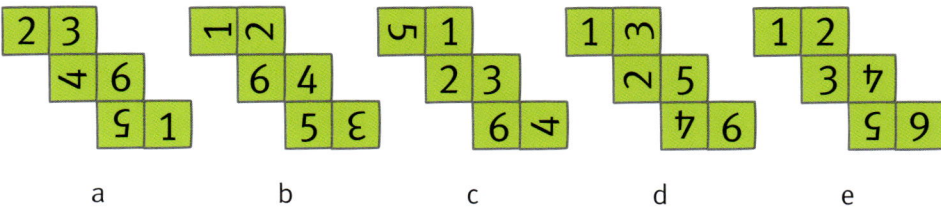

a　　　　　b　　　　　c　　　　　d　　　　　e

62

Welches Wort passt jeweils zwischen die beiden vorgegebenen Wörter,
so dass es sowohl mit dem ersten als auch mit dem zweiten ein
gebräuchliches Wort bildet?

1.　　　　　　　　　　FA _ _ _ KEN

2.　　　　　　　　　　NI _ _ _ _ NKEL

3.　　　　　　　　　STUM _ _ ANNE

4.　　　　　　　　　　SEI _ _ MUT

63

Welche Zahlen setzen die Reihen jeweils gemäß ihrem
Bildungsprinzip fort?

1. 1, 11, 21, 1211, 111221, 312211, ?

2. 12, 14, 11, 7, 12, 6, -1, ?

3. 20, 16, 25, 21, 30, ?

64

Welches der Quadrate a bis e setzt die Abfolge korrekt fort?

a   b   c   d   e

65

Welcher der Balken a bis e setzt die Abfolge an der Stelle des Fragezeichens richtig fort?

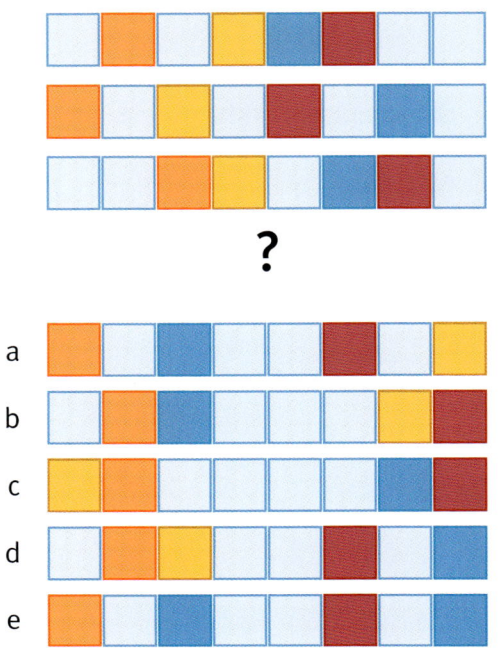

66

Bilden Sie die Summe aller Zahlen des Quadrats – möglichst genau.

1 9 3 7 5 5 7 3 9 1 1 9 3 7 5 5 7 3 9 1
9 1 2 8 7 3 8 2 1 9 4 6 2 8 7 3 4 6 5 5
6 4 7 3 4 6 8 2 9 1 4 6 2 8 5 5 6 4 3 7
2 8 1 9 8 2 7 3 5 5 6 4 1 9 6 4 1 9 7 3
5 5 8 2 1 9 4 6 1 9 8 2 6 4 3 7 4 6 2 8
6 4 7 3 3 7 8 2 4 6 3 7 2 8 5 5 7 3 2 8
5 5 7 3 9 1 2 8 1 9 3 7 5 5 4 6 7 3 9 1
9 1 2 8 1 9 4 6 8 2 4 6 7 3 4 6 5 5 3 7
1 9 8 2 9 1 2 8 5 5 3 7 6 4 7 3 4 6 1 9
4 6 1 9 8 2 7 3 5 5 6 4 9 1 4 6 1 9 7 3
8 2 1 9 4 6 9 1 8 2 6 4 2 8 3 7 4 6 2 8
4 6 3 7 2 8 1 9 5 5 3 7 9 1 2 8 3 7 1 9

67

Vier Gruppen von je fünf Wörtern: Zwei und nur zwei der Begriffe
a bis e lassen sich jeweils einem gemeinsamen Oberbegriff zuordnen.
Welche sind es und wie lautet der Oberbegriff?
Vorsicht: Der Oberbegriff darf nie auf drei Wörter zutreffen!

1. a: Besprechung   b: Vorlesung   c: Verhör   d: Präsentation   e: Konferenz

2. a: Bergsteigen   b: Fußball   c: Schwimmen   d: Speerwerfen   e: Tauchen

3. a: Griechenland   b: Italien   c: Portugal   d: Dänemark   e: Kanada

4. a: Messer   b: Klammer   c: Pistole   d: Kamm   e: Besen

68

Welcher der Würfel a bis e
kann aus der Faltvorlage
rechts hergestellt werden?

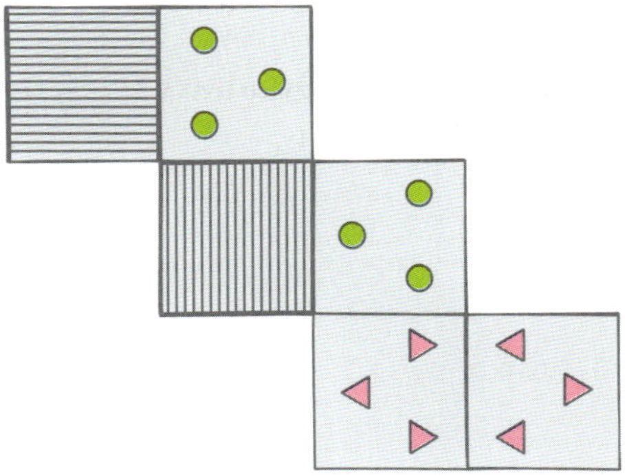

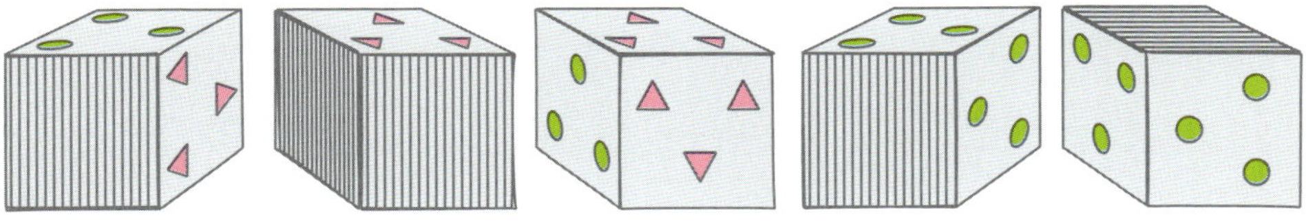

a   b   c   d   e

69

Welches der Quadrate a bis e gehört an die Stelle des Fragezeichens in der oberen Reihe?

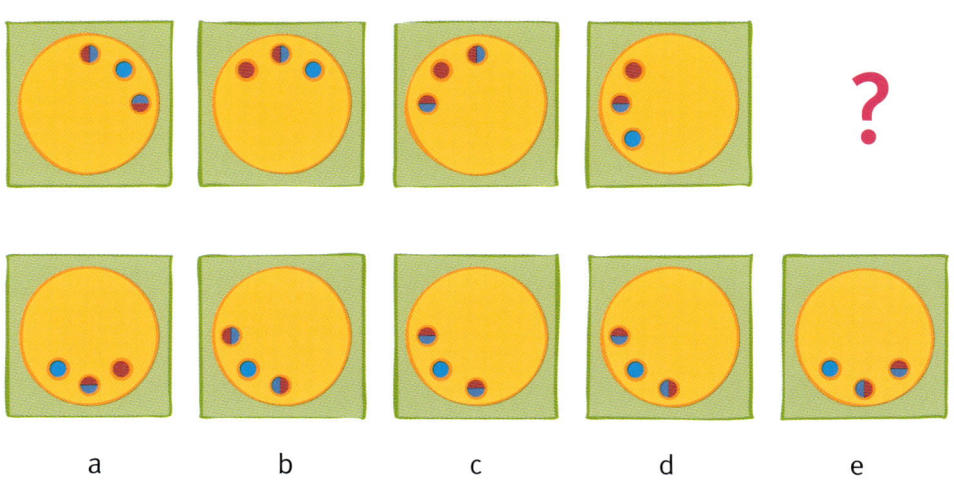

a   b   c   d   e

70

Welche Buchstabenfolge ergänzt alle Endungen gleichermaßen zu ganzen Wörtern?

_ _ _

SEN

IBGUT

TER

FFEN

SOR

U

ND

PPE

71

Welche Zahl gehört logisch richtig an die Stelle des Fragezeichens?

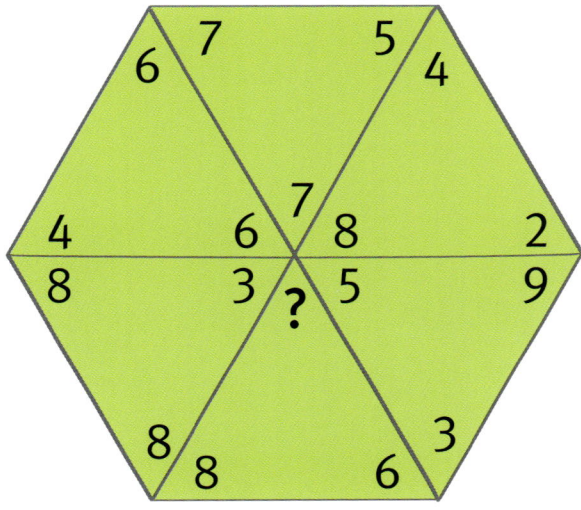

72

Welche der unteren Figuren a bis e erfüllt dieselben Bedingungen wie die vorgegebene darüber?

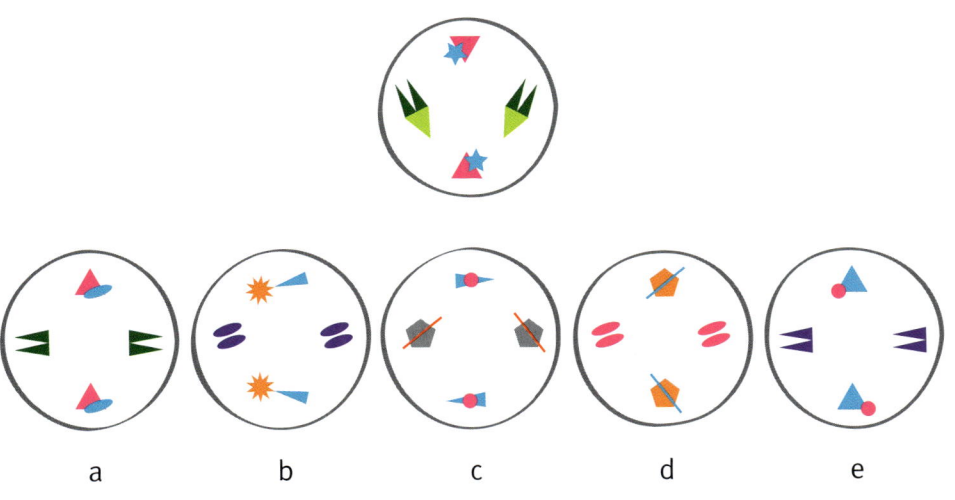

a   b   c   d   e

73

Aus vieren der fünf Teilflächen a bis e lässt sich der Stern links zusammensetzen. Welches Stück ist überflüssig?

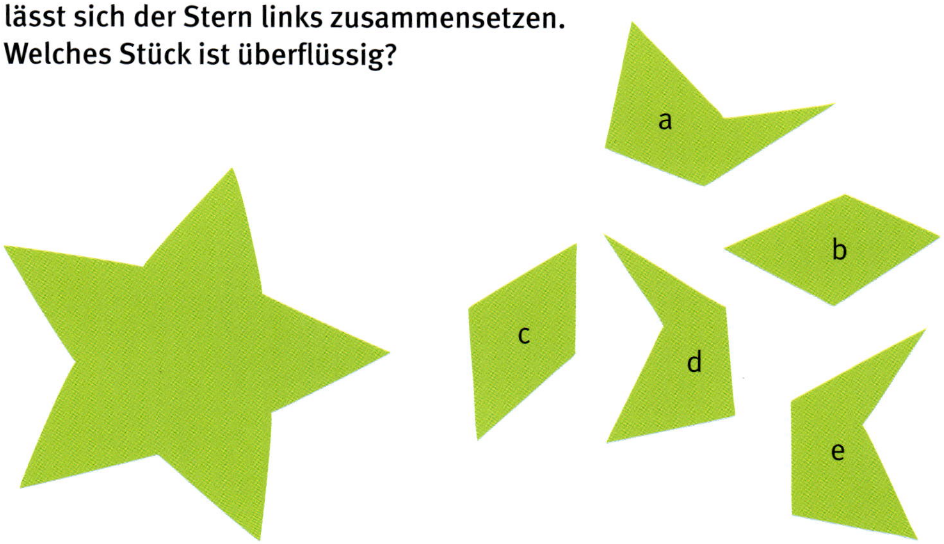

74

Welches der Zahlenpaare a bis e gehört an die Stelle des Fragezeichens?

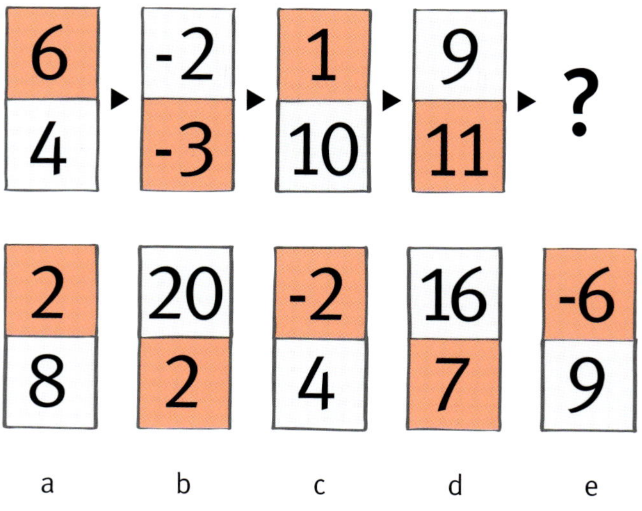

a   b   c   d   e

75

Welches der Gebilde a bis e setzt die obere Reihe korrekt fort?

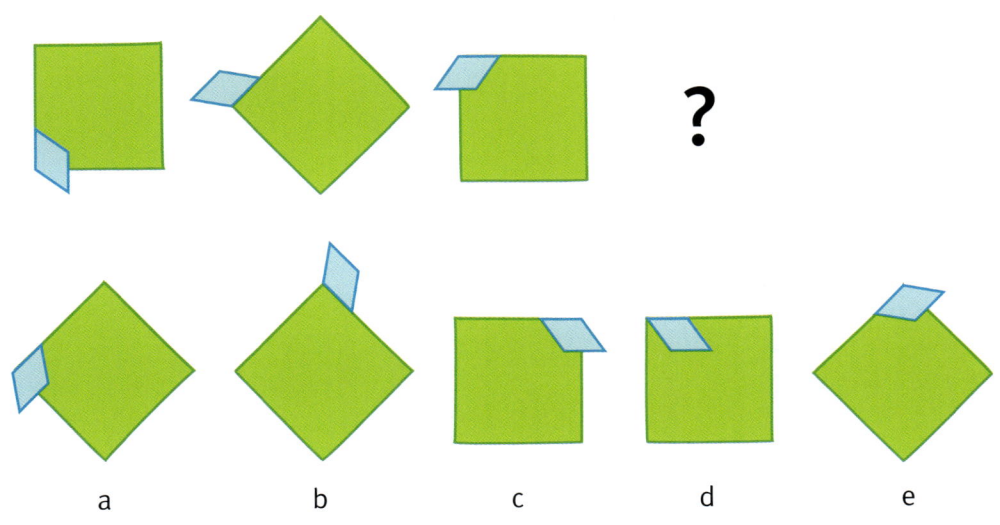

a   b   c   d   e

76

Welches der Wörter a bis e ist jeweils am ehesten gleichbedeutend mit dem vorgegebenen?

1. **absurd**
   a: widersinnig   b: falsch   c: abwegig   d: verrückt   e: extrem

2. **versagen**
   a: aufgeben   b: unterlassen   c: erliegen   d: scheitern   e: lügen

3. **provisorisch**
   a: einfach   b: ungeschickt   c: vorläufig   d: lose   e: eingeschränkt

4. **standfest**
   a: gerade   b: stabil   c: deutlich   d: klar   e: konsequent

77

**Welches der Quadrate
a bis e gehört an die
Stelle des Fragezeichens?**

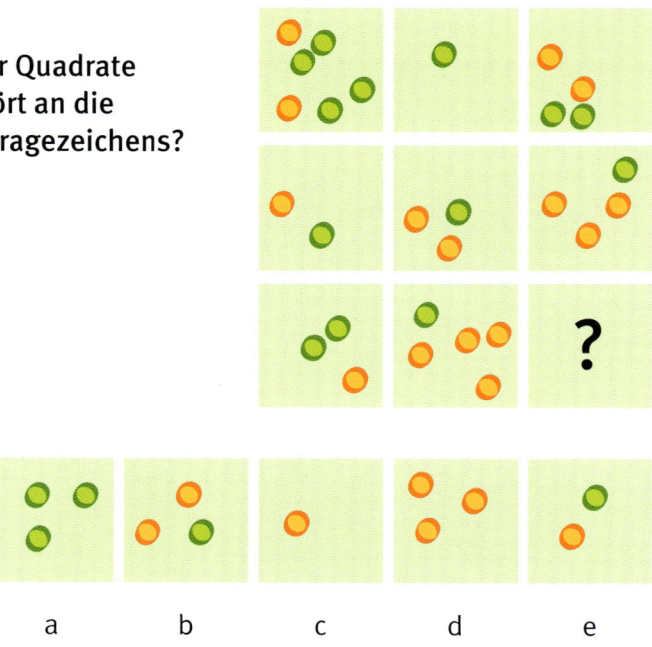

a   b   c   d   e

78

**Vier Gruppen von je fünf Wörtern: Finden Sie jeweils den am wenigsten
in seine Reihe passenden Begriff.**

1. a: Möwe   b: Seehund   c: Wal   d: Elch   e: Eisbär

2. a: bequem   b: schön   c: angenehm   d: rau   e: weich

3. a: Moll   b: Harmonie   c: Tonart   d: Note   e: Laut

4. a: Bauer   b: Turm   c: König   d: Knecht   e: Dame

79

Welche der Strukturen a bis e passt in die obere Reihe?

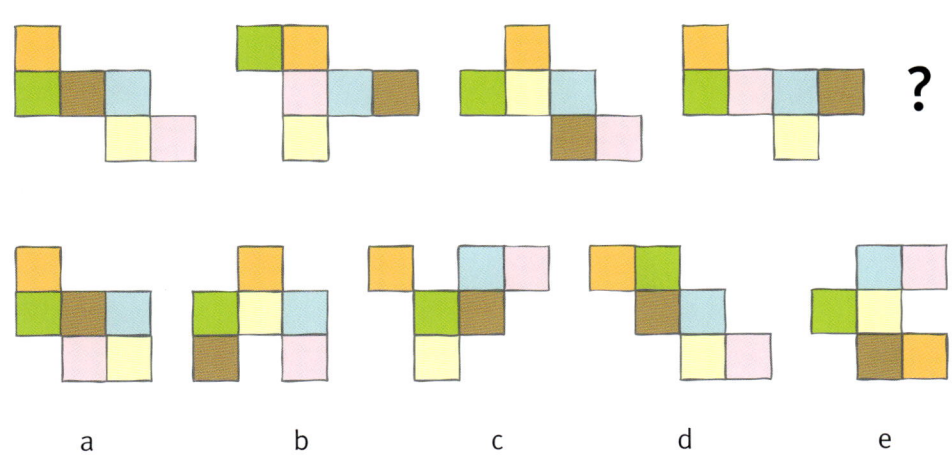

a	b	c	d	e

80

Oben sehen Sie die Draufsicht und die Längsansicht eines Objekts. Welche der Ansichten a bis e zeigt denselben Gegenstand von links?

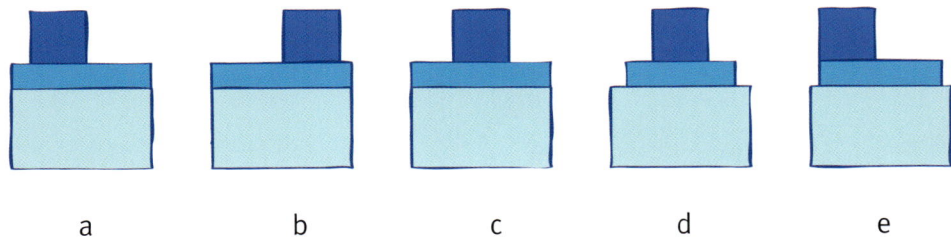

a	b	c	d	e

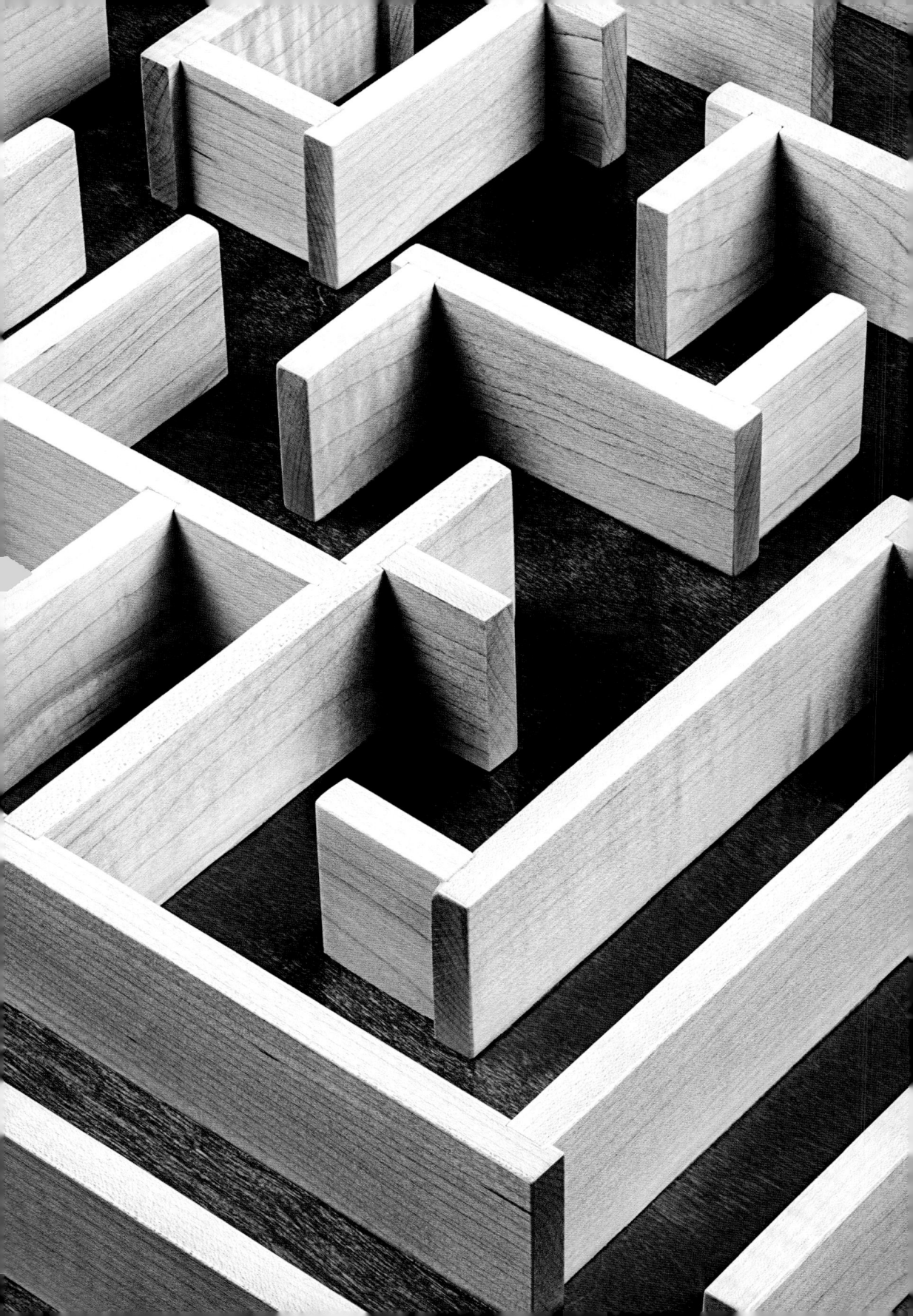

LÖSUNGEN, AUSWERTUNG

und Kopiervorlagen

Auf den Seiten 144–151 finden Sie die Lösungen und Erklärungen zu allen Aufgaben im Buch. Die Seiten 152–155 sind als Kopiervorlagen gedacht. In die zweite Spalte schreiben Sie beim Test Ihre Lösungen. Für jede Aufgabe steht in der dritten Spalte die erreichbare Punktezahl. In die kleinen weißen Felder rechts tragen Sie Ihre erzielten Punktezahlen ein. Die Lösungsformulare finden Sie auch als PDF-Dateien zum Ausdrucken auf der beiliegenden CD-ROM. Eine detaillierte Auswertung des Schlusstests folgt ab Seite 156. Eine schnelle Prüfung Ihrer Antworten ermöglicht die Übersicht Seite 158.

Lösungen: Einfache Aufgaben

01

1. a: Der Karpfen ist der einzige Süß-
wasserfisch in der Reihe; alle anderen
schwimmen im Meer.

2. c: Kalkutta ist als einzige Stadt in
Asien, alle anderen liegen in Europa.
Oder: Kalkutta ist als einzige Stadt nicht
zugleich die Hauptstadt des Landes.
Das ist Delhi.

3. e: Die Eibe gehört zu den Nadel-
bäumen, alle anderen sind Laubbäume.

4. d: Das Fernsehgerät ist das einzige
elektrische Gerät, alles andere sind
Möbelstücke.

02

b: Farbe und Form wechseln durch:
Nach den Kreissegmenten folgen die
Dreiecke – nun in violett.

03

b: Der Würfel wird jeweils um 90° nach
links vorne gekippt; die nachfolgende
Position hat auf alle Fälle rechts einen
grünen Streifen. Die vierte, oben liegende Seite ist dann wieder die, die in der
ersten Position die Vorderseite bildet.

04

1. 8: Das Prinzip ist +1, +2, +3, dann
wieder +1, +2, +3; gesucht ist also die 8.

2. 13: Jede Zahl ist die Summe der
jeweils zwei vorangegangenen Zahlen,
also $5 + 8 = 13$. Diese Folge wurde von
Leonardo Fibonacci 1202 entdeckt
und ist nach ihm benannt. Sie beschreibt unter anderem das Wachstum
einer Kaninchenpopulation. Die Folge
hat noch viele andere mathematisch
interessante Eigenschaften.

3. 49: Die Reihe besteht einfach aus den
Quadratzahlen der natürlichen Zahlen
ab 1. Die sechste ist 36, die siebte
folglich 49.

4. 11: Das sind einfach die ungeraden
Zahlen. Es steckt weiter kein Geheimnis
dahinter.

05

49: Zu den kleineren Zahlen steht im
gegenüberliegenden Sektor deren
Quadrat. Zu 7 gehört also 49.

06

1. Maus, 2. Igel, 3. Affe, 4. Wurm

07

1. b: Die Figur ist gespiegelt und entspricht so keinem S oder Dollarsymbol,
sondern einem Fragezeichen.

2. d: Wenn man das F richtig dreht,
zeigen die Querstriche nach links.

3. a: Die 9 oder 6 – je nach Wunsch – ist
hier horizontal oder vertikal gespiegelt.

4 d: Der lange Strich liegt hier hinter,
sonst immer vor dem Dreieck.

08

b: Von links nach rechts wird jeweils ein
Dreieck unten angefügt. Waagerechte
Dreiecksreihen wie in Zeile 1 und 2 rutschen nach oben und rücken in Spalte 3
nach links – wenn sie dort nicht bereits
angekommen sind. Entsprechend
kommt nur b als Lösung in Frage.

09

e: Die Innenfigur – die Raute – wird
vergrößert und um 90° gedreht. Die ursprüngliche Außenfigur wird verkleinert
und nun von der Raute umschlossen.

10

c: Dieses Sprichwort sagt mehr oder
weniger dasselbe, nur vom inhaltlichen
Gegenteil (logisch gesehen: der Vernei-
nung) aus betrachtet, dem Nicht-Ehrlich-
sein, mithin dem Lügen.

11

16: Da sowohl in der zweiten als auch
der dritten Reihe vier gleiche Symbole
erscheinen, kann man die entsprechenden Summen einfach durch 4 teilen
und hat dann die erste Zahl. Daraus
ergibt sich: Paket = 3, Rolle = 7. Beide
Fragezeichen stehen also für dieselbe
Summe: $3 \times 3 + 7 = 16$.

12

a: Blau kann nur an Weiß und Orange
grenzen, nicht aber an Grün. Blau kann
nicht an Grün grenzen, deshalb gehen
e und b nicht. Orange hat neben Weiß
mindestens Blau oder Gelb zum Nachbarn, also funktionieren c und d nicht.

13

d: Es geht nur um dieselbe Zahl
der Elemente mit der gleichen Farbe.
Diese weist nur d auf.

14

1. d: Außer d sind alles Gefühlslagen.

2. c: Nur Mehl ist kein Gewürz.

3. e: Alle aufgezählten Dinge sind relativ
groß, nur der Diamant ist klein.

4. d: Öl ist kein Getränk.

15

c: Die Zahlen in den orangeroten
Kästchen werden halbiert, die Zahl
in den grünen Kästchen verdoppelt.

16

a: Die Seite mit den sechs Augen ist der
Seite mit den vier Augen unmittelbar
benachbart. Die Seite mit den zwei
Augen schließt nach der Faltung direkt
an die Seite mit den vier Augen an; da
umgedreht, wird der Punkt rechts unten
nun zum Punkt links oben. b geht nicht,
weil die Eins niemals Nachbar der Vier
sein kann. c geht nicht, weil die Sechs
zur Drei falsch orientiert ist. Wenn die
Eins oben liegt, verlaufen die Punkte der
Drei von rechts oben nach links unten,
also geht d auch nicht. Die Fünf und die
Sechs liegen einander gegenüber und
können deshalb keine Nachbarn sein,
was e ausschließt.

17

7: Im inneren Sektor steht die Summe
der beiden Zahlen des äußeren Kreises:
4 haben wir, zu 11 fehlt deshalb eine 7.

18

c: Von links nach rechts kommt jeweils
eine Figur hinzu, Kreis und Dreieck im
Wechsel; zuletzt war es ein Kreis, also
ist es jetzt wieder ein Dreieck. Die Anordnung der Figuren spielt keine Rolle.

19

1. d: Wer etwas vorsichtig macht, der
geht behutsam vor.

2. e: Dem Geld entspricht am ehesten
der Preis einer Sache.

3. d: Wer Schutz genießt, fühlt sich
geborgen.

4. a: Nur Wien hat auch eine eigene
Wurst: das Wiener Würstchen – auch
wenn dieses von den Österreichern
Frankfurter genannt wird.

20

13: Leicht übersieht man die beiden großen rechtwinkligen Dreiecke, die durch die Mittelsenkrechte entstehen.

21

2: Die Zahl ergibt sich aus der Anzahl der an ihrer Stelle einander überlagernden Figuren. Im Feld mit dem Fragezeichen sind es also, hier 2 die korrekte Lösung – in der Figur auch durch die Farbe gut zu erkennen.

22

d: Der seitliche Dreiecksanbau und das Prisma auf dem Dach haben eine sichtbare Firstkante; deshalb fallen b und c weg. Die innerste Schicht des Vorbaus hat die volle Breite des Kubus; deshalb funktionieren a, b und c nicht. Bei e fehlt der obere Aufsatz ganz.

23

d: Die grünen Balken rutschen immer um einen Streifen nach unten und sind in der rechten und linken Spalte stets um eine Position versetzt angeordnet. Man kann es sich auch so vorstellen: Die beiden jeweils unten sitzenden Kästchen werden unten weg genommen und oben neu angesetzt.

24

Dreieck = G, Quadrat = T, Raute = E. Der Spruch lautet folglich: »Geld regiert die Welt.« Zum Vorgehen: Mit hoher Wahrscheinlichkeit wird sich ein Vokal hinter einem der Symbole verbergen – zweimal sogar derselbe vor einem »L«. Wir können »O« versuchen; das ginge in der ersten Zeile, nicht aber in der vierten. Besser ist »E«, der häufigste Vokal im Deutschen. Und dann ist es nicht mehr weit zu den anderen Buchstaben.

25

a: Im oberen Stern werden 12 und 44 halbiert, die drei anderen Zahlen hingegen verdoppelt. Folglich ist a die richtige Lösung (28 ÷ 2, 11 ÷ 2; 8 × 2, 50 × 2, 34 × 2).

26

e: Beachten Sie, dass die Dreiecksform nur von vorne sichtbar ist; von rechts ist das Prisma in der Projektion nicht von einem Würfel zu unterscheiden. Beachten Sie die kleine Einrückung links, die b ausschließt.

27

e: Jede Farbe tritt pro Reihe einmal auf; also fehlt in der dritten Reihe die Farbe Blau. Die einbeschriebenen Formen werden von links nach rechts kleiner.

28

1. b: Bild ist der allgemeinste Ausdruck. Genauso wenig wie ein Brief gleich Literatur ist, ist ein Bild gleich ein Kunstwerk. Skizze und Karikatur sind Spezialfälle von Bildern.
2. d: Ähnlich wie »überreden« noch nicht bedeutet, dass man jemanden von einer Sache »überzeugen« kann, beinhaltet »glauben« im Gegensatz zu »wissen« eine Unsicherheit.
3. e: Kampf ist gesteigert im Krieg, ein einzelnes Unglück in der Katastrophe.
4. a: Gemeinsam ist ein Abhängigkeitsverhältnis, die Analogie meint hier das Kind allgemein, so wie auch Schüler nicht differenziert. Tochter, Sohn oder Baby sind deshalb zu konkret.

29

b: Gegenüberliegende Sektoren haben dieselben Muster, aber die Farben der Flächen sind jeweils vertauscht.

30

b: Alle Zahlen im Kreis sind gerade. Sonst gibt es keine offensichtliche Gemeinsamkeit, zumal unter den Lösungen nur eine einzige gerade Zahl angeboten wird.

31

c: Aal, Aas, Akt, Amt, Abt, Alb, Art, Ast, All, Tal, Trab, Bar, Bart, Stall – also 14.

32

c: Das A zeigt mit seiner Basis auf das B, woran die Faltung nichts ändert. Diese Konstellation zeigt nur der mittlere Würfel.

33

d: Die beiden Zahlen sind als Bruch zu lesen, wobei der erste Bruch mit dem dritten und der zweite mit dem vierten rechnerisch das gleiche Resultat hat – kenntlich auch an der gleichen Farbstellung von Zähler und Nenner. Das Schema ist: »Brucherweiterung«. Folglich ist d die richtige Lösung: 2 × 6 im Zähler, 2 × 10 im Nenner.

34

c: Am wichtigsten ist zunächst, dass Sie das Wörtchen »nicht« zur Kenntnis nehmen und nicht vor lauter Routine überlesen. Die drei farbigen Seiten müssen aneinander grenzen können. Wenn Violett oben liegt, kann in c Grün nicht direkt an Gelb grenzen, da in der Faltvorlage immer eine weiße Seite dazwischen ist. Deshalb funktioniert diese Vorlage nicht.

35

e: Farben und Formen werden durchgetauscht; in der dritten Zeile fehlt nur noch das blaue Quadrat mit dem weißen Quadrat darin. In den diagonalen Reihen sind die Farbkombinationen bzw. die inneren Formen einheitlich.

36

»AM«: Die beiden Buchstaben passen zu allen: AMBOSS, AMT, AMOK, AMPEL, AMEISE, AMEN.

37

e: Es verschwindet zeilenweise gesehen stets immer erst links und dann rechts ein Punkt. Spaltenweise betrachtet fällt erst oben und dann unten ein Punkt weg. So bleibt rechts unten nur der Punkt in der Mitte übrig.

38

»BO«: Die beiden Buchstaben ergeben die Wörter: BODEN, BOCK, BOHNE, BOHREN, BOMBE, BOOT, BONBON.

39

b: Vorschlag a geht nicht, denn wenn die Vier oben liegt, sind die Punkte der Sechs um 90° verdreht. Version c fällt aus, weil die Punkte der Drei dann diagonal von links nach rechts verlaufen müssten. Auch d ist falsch, weil die Fünf in dieser Position an die Zwei grenzt, nicht an die Drei; e scheidet aus, weil bei dieser Orientierung der Sechs nur die Zwei oder die Drei vorne sein könnten.

40

10: Das war eigentlich kinderleicht, vorausgesetzt, Sie haben etwas Bestimmtes beobachtet: Die dritte Spalte enthält genau die gleichen Symbole wie die erste Zeile, womit die Summe bereits vorgegeben ist.

Lösungen: Mittelschwere bis schwere Aufgaben

01

d: Alle Außenfiguren haben doppelt so viele Ecken wie die Innenfiguren – mit Ausnahme von d; das Fünfeck wird von einem Achteck umschlossen.

02

1. 12: Der Reihe nach werden die Operationen +2, ×2 und −2 auf die jeweils vorhergehende Zahl angewendet. $4+2=6$, $6×2=12$, $12−2=10$, folglich $10+2=12$.

2. 720: Die Folge gehorcht dem Muster: $n!$ für $n=0$, 1, 2, 3 etc. 0! (gelesen »Null Fakultät«) ist 1, 1! ebenfalls, dann geht es weiter mit $1×2$, $1×2×3=6$, $1×2×3×4=24$, $1×2×3×4×5=120$, und folglich $120×6=720$.

3. 36: Das Bildungsprinzip ist +1, +2, +3, +4 usw. Da $21+7=28$, folgt $28+8=36$. Die Zahlen heißen Dreieckszahlen.

4. 38: -2^n für $n > 0$. Fortlaufende Potenzen von 2 werden abgezogen: -2, -4, -8, -16, -32: also ist das Ergebnis 38.

03

1. a und c: Metalle
2. c und e: romanische Sprachen
3. a und b: Säugetiere
4. a und d: Naturwissenschaften

04

e: In a und b stimmt die Ausrichtung des grünen Balkens oben nicht, denn er müsste um 90° gedreht sein. Bei c müsste oben der grüne Kreis zu sehen sein. d ist falsch, weil rechts der grüne Balken erscheinen müsste, wenn links das Kreuz zu sehen ist.

05

b: Oben erscheinen Orange-Blau und Blau-Gelb im Wechsel. Also folgt wieder Orange-Blau. Unten wechseln die Farben im 3-er-Takt: Gelb–Grau–Grün, Gelb–Grau–Grün ... Also müssen die unteren Quadrate grün und gelb sein.

06

e: Teil e passt nicht auf den Würfel; Grün und Orange sind hier vertauscht.

07

c: Die Summen der Zahlen in den blauen Feldern jeder Zeile sind gleich den Summen der Zahlen auf den beigen Feldern. Weil $2+6=8$, fehlt zur 7 auf Blau die 1 auf blauem Feld.

08

1. d: Nagel – a: Adler, b: Ratte, c: Tiger, e: Katze
2. c: Bier oder Brei – a: Beat, b: Star, d: Song, e: Solo
3. a: Mensch – b: Reiter, c: Doktor, d: Segler, e: Fahrer
4. a: Mauer – b: Brust, c: Nabel, d: Niere e: Bauch

09

c: Drei verschiedene Farben im gleichen Sektor oder dreimal dieselbe werden zu weiß; wenn zwei von drei Farben gleich sind, bleibt nur die dominante Farbe erhalten. Mit anderen Worten: Nur wenn ein Sektor zwei von den drei Mal in der gleichen Farbe auftaucht, erscheint rechts die Farbe; sonst erscheint Weiß.

10

1. »BRUCH«: Schiffbruch/Bruchlandung
2. »ZEIT«: Freizeit/Zeitvertrag
3. »BAU«: Satzbau/Bauarbeiter
4. »LUFT«: Frischluft/Luftkissen

11

d: Abfolge der Farben ist – von vorne nach hinten – Blau, Lila, Rot, Grün. Nur in d sind Rot und Lila vertauscht.

12

9: Hier kommen nacheinander alle vier Grundrechenarten zum Einsatz: $4+10−2=12$; $12×3÷9=4$; $10+10−2=18$; $18×3÷9=6$; also $2+8−1=9$; $9×4÷4=9$.

13

9: Im Innensektor steht immer die Quersumme der Zahl im äußeren Bogensektor. Hinter dem Fragezeichen verbirgt sich also $8+1=9$.

14

»REICH«: zahlreich, siegreich, Bereich, Erdreich, Streich, geistreich, hilfreich, umfangreich.

15

d: Bei a würde das grüne Dreieck links an der oberen Kante anliegen; bei e würde seine Basis zum Kreuz hin weisen. b und c gehen nicht, weil bei ihnen das Kreuz nicht in direkte Nachbarschaft zum roten Kreis kommt.

16

c: Die Zahl der gelben Stäbe ist im rechten Sechseck summiert, während sich die Anzahl der blauen reduziert. So stehen nur a oder c zur Wahl. Zwei gleichfarbige Stäbchen liegen stets über Kreuz, also c.

17

7: Die Summe der drei Eckzahlen ergibt das Quadrat der inneren Zahl: $10−3+18=25$; $\sqrt{25}=5$; $44+22−2=64$; $\sqrt{64}=8$. Folglich $36−4+17=49$; $\sqrt{49}=7$.

18

a: Die Figur aus Spalte 2 erscheint in Spalte 3 um 45° im Uhrzeigersinn gedreht. Die Figur aus Spalte 1 wird um 90° gedreht und verkleinert.

19

a: Der ovale Aufbau schließt vorne nicht bündig mit der Kante des großen Quaders ab, was c, d und e ausschließt. Das elliptische Teil und der kleine Quader haben laut Draufsicht gleich viel Abstand von der Vorderkante des großen Quaders. Dem widerspricht b.

20

b: Nicht nur, weil noch einmal »Weile« vorkommt, sondern weil es tatsächlich etwas Ähnliches aussagt: Beide Aussagen empfehlen einen angemessenen Umgang mit der Zeit. Für ein gutes Ergebnis ist genügend Zeit erforderlich. a, c, d und e haben damit nichts zu tun.

21

b: Der kleine Zeiger rückt jeweils um zwei Stunden zurück, der große Zeiger 20 Minuten vor.

22

d: Blau liegt nur in d ganz vorne, sonst immer ganz hinten.

23

1. e: Nur die Pfanne ist üblicherweise ein Küchengerät; alles andere kommt auch auf dem Esstisch vor.
2. e: Die Begriffe a bis d gehören in den Bereich Theorie, e dagegen zur Praxis.
3. a: Alle Begriffe außer Lösung haben mit der Arbeitswelt zu tun.
4. c: Hier geht es nicht um Bedeutungen! Alle Wörter außer c haben sechs Buchstaben.

24

19: Gesucht sind vier verschiedene Zahlen. Es bietet sich die erste Spalte an, da eine der Zahlen darin drei Mal vorkommt. Das Sechseck kann höchstens 4 sein. Probieren ergibt aber, dass die 3 passt: $3 \times 3 = 9$. Dann ist das Quadrat 5. Der doppelt vorkommende Stern in der ersten Zeile ist die 4, weil $14 - 2 \times 3 = 8$. Die zweite Spalte ergibt dann $2 \times 4 + 3 = 11$; Spaltensumme $18 - 11 = 7$, wofür also das Dreieck steht. Zeile 2 passt dann auch: $2 \times 7 + 2 \times 3 = 20$. Zeile 3 ist auch korrekt: $2 \times 3 + 4 + 5 = 15$. Folglich ist die gesuchte Summe: $5 + 3 + 7 + 4 = 19$.

25

a: $162 \div 18 = 216 \div 24 = 9$ und $1134 \div 162 = 1512 \div 216 = 7$.
Oder – gleichbedeutend – jeweils als Brüche von links nach rechts gelesen: $18 \div 162 = 24 \div 216 = 1/9$.

26

d: Unterschiede gibt es nur bei dem prismatischen Aufbau hinten. Auf seine beiden abgeschrägten Giebelflächen vorn und hinten kommt es an. Bei Variante c schließt das Prisma hinten mit einem senkrechten Dreieck ab, bei Option b vorne und hinten. Bei a und e fehlt die Firstkante.

27

b: Wenn an einer der je 8 Positionen in Spalte 1 und 2 dieselbe Farbe auftritt, dann erfolgt in Spalte 3 ein Farbwechsel. Unterschiedliche Farben ergeben Weiß, was auch für Weiß selbst gilt.

28

a: »warten« ist ein neutraler Ausdruck ohne emotionalen Beiklang; dem »Nicht-warten« entspricht daher das neutrale »weggehen«.

29

d: In vier Fällen sind 5 orangefarbene mit 4 grünen Teilflächen kombiniert; nur d hat 5 grüne und 4 orangene.

30

1. c: Yen ist die japanische Währung.
2. a: Es geht hier um die Beziehung zwischen Teil und Ganzem. So wie ein Regal Teil eines Lagers ist, so ist ein Brett Teil eines Sargs.
3. b: Beide Begriffe links bezeichnen etwas Essbares; rechts geht es ums Fahren. Gemeint sind die Automarken.
4. c: Von der großen geht es zur kleineren Struktur: Der Planet umkreist die Sonne, ein Mond den Planeten.

31

c: Zuerst wird nach links gedreht, dann nach vorne gekippt; die letzte Aktion war die Linksdrehung, also ist nun Kippen an der Reihe. Dazu passt nur c.

32

c: Das Kriterium ist die Teilbarkeit durch 3. Diese ist schnell festzustellen: Wenn ihre Quersumme durch 3 teilbar ist, ist auch die Zahl selbst durch 3 teilbar. Das trifft nur auf c zu: $3 + 0 + 3 = 6$.

33

1. Lösung ist 3. Größter gemeinsamer Teiler von 15 und 33 ist 3; 21 hat die Teiler 1, 3, 7, 21. Die Zahl 9 hat die Teiler 1, 3, 9, also ist die gesuchte Zahl die 3.
2. Lösung ist 1. 3 ist der größte gemeinsame Teiler von 12 und 81, da 12 die Teiler 1, 2, 3, 4, 6, 12 hat und 81 die Teiler 1, 3, 9, 27 und 81. 23 ist eine Primzahl, also gibt es nur die Teiler 1 und 23; 23 ist kein Teiler von 61. Folglich ist 1 der größte gemeinsame Teiler.
3. Lösung ist 72. Das kleinste gemeinsame Vielfache von 12 und 8 ist 24; für 18 und 24 kennen wir bereits von der ersten Aufgabe her den größten gemeinsamen Teiler, nämlich 6. Daraus ergibt sich $(18 \times 24) \div 6 = 3 \times 24 = 72$.
4. Lösung ist 187. Wieder ist das kleinste gemeinsame Vielfache gesucht, denn für 21 und 12 ist es 84. Doch 17 und 11 sind beides Primzahlen. Daraus ergibt sich, dass das kleinste gemeinsame Vielfache nur das Produkt beider Zahlen sein kann: als $17 \times 11 = 187$.

34

Reihenfolge von oben nach unten:
a – d – g – h – f – b – e – c.

35

c: Formen und Farben sind in Zeilen und Spalten durchvariiert: Das gesuchte Quadrat muss also oben das grüne Dreieck zeigen und unten den roten Kreis mit dem aufwärts gerichteten Winkel.

36

1. b: Nur der österreichische Schilling ist kein gültiges Zahlungsmittel mehr.
2. e: Die Begriffe a bis d beziehen sich auf ein körperliches Befinden und dessen Symptome; »gelb« ist zunächst nur eine Farbe.
3. d: Alle anderen Begriffe bezeichnen im weiteren Sinn Delikte, wobei »Blüte« für »gefälschter Geldschein« steht.
4. b: Die Begriffe a, c, d und e grenzen Bereiche ein oder können als Begrenzungen dienen – z. B. von etwas wie b.

37

b: Es geht um die äußere und innere Zahlenreihe ringsum: Innen gibt es weniger Felder und größere Zahlen. Außen ergibt sich 100, ebenso innen. Das innerste Quadrat muss also auch 100 ergeben, was nur bei b der Fall ist. c und e fallen aus, da die Zahlen schon auf den ersten Blick viel zu klein sind; d ergibt schon mit 4×30 einen viel zu hohen Wert, und a kommt nur auf 90.

38

1. a und c: Kalender. Woche und Monat passen zu diesem Oberbegriff.
2. b und c: Auszeichnung. Anerkennung oder Würdigung passen auch.
3. a und e: Haustier. Fuchs, Zitteraal und Biber leben in freier Wildbahn, haben aber sonst wenig gemeinsam.
4. c und e: Gericht oder auch Strafrecht. Nur diese beide Begriffe gehören zum Thema Recht.

39

d: Wenn man die Teile zusammenfügt, erweist sich d als überflüssig.

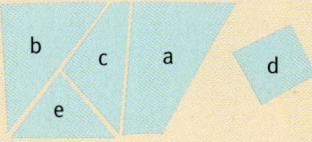

40

e: Es geht hier nur um die Zeilen und nicht um die Spalten. In der dritten Zeile tauschen Rot und Blau die Positionen und »klettern« die Treppe hinauf.

Lösungen: Der große Schlusstest

01

a: Rechnen ist gar nicht gefordert. In jeder Reihe gibt es einfach je eine ein-, zwei- und dreistellige Zahl; was in der zweiten Reihe fehlt, ist die dreistellige. Nur eine ist im Angebot, also a.

02

1. »GELD«, 2. »WERK«, 3. »PAAR« und 4. »KOST«. Damit ergeben sich die Wortpaare Lösegeld/Geldbetrag, Bergwerk/Werkstatt, Brautpaar/Paarhufer und Trennkost/kostbar.

03

b: In b liegt der orangene Ring vorne, Grün und Blau sind ebenfalls vertauscht.

04

b: Rot als die erste Farbe des unteren Rechtecks wandert an der vierten Position nach oben; da keine neue Farbe hinzukommt, verkürzt sich die Folge von drei auf zwei Elemente. Entsprechend wandert Grün in der sechsten Position nach oben, unten bleibt nur noch Gelb. Mit b ist die Reihe also zu Ende.

05

c: Die beiden nach rechts ragenden Flächen sind nach innen eingeschnitten. Daher müssen sich die beiden dreieckigen Giebelflächen nach innen neigen.

06

e: Der gelbe Punkt rechts außen bleibt konstant. Wenn zwei Punkte gleicher Farbe in einem Oval auftreten, fällt diese im folgenden Oval weg; dafür erscheint die Farbe, die nur einmal auftritt, im folgenden Oval doppelt. Eine neue Farbe kommt jeweils hinzu, im Wechsel einmal hinter, einmal zwischen den gleichfarbigen Punkten.

07

b: Im »Zähler« erscheinen abwechselnd 2 und 3, im »Nenner« aufsteigend geradzahlige Vielfache von 4. Daher bleibt als Lösung also nur b.

08

1. d: Bis auf d handelt es sich um journalistische Textarten.
2. d: Alle anderen Wörter haben nur eines gemeinsam: Sie fangen mit »N« an.

3. b: Alle Verben, bis auf »lassen«, haben als zweite Silbe »-gen«.

09

e: Der rote Kreis wandert gegen den Uhrzeigersinn an den Kanten entlang in Achtelschritten; das Dreieck wandert in der linken Spalte in Achtelschritten nach unten; dort angekommen, taucht es im nächsten Kästchen wieder oben auf. Der Halbkreis durchmisst die Diagonale von links unten nach rechts oben und zurück, landet deshalb im folgenden Bild links unten hinter dem Kreis.

10

d: Die vorgegebene Figur ist achsensymmetrisch, was nur auf d zutrifft.

11

e: Hier geht es nur um die Anzahl der Stellen, was aus den Lösungsangeboten ersichtlich wird, denn dort gibt es nur eine dreistellige Zahl: e.

12

b: Die Aussage bezieht sich auf das gesamte Leben und das Lernen; dem kommt b am nächsten. a hat mit Lernen und Üben nichts zu tun; c ist eine Aussage über die Tageszeit; d und e haben mit dem Lernen ebenfalls nichts zu tun, sondern mit dem Fleiß.

13

d: Wenn man etwas absagt, verspricht man, etwas nicht zu tun; oder man verspricht nicht, etwas zu tun.

14

d: Die Summen der drei Zahlen ergeben in aufsteigender Reihenfolge: 18, 19, 20, 21. Gesucht sind also drei Zahlen, deren Summe 22 ergibt. Hier passt nur d.

15

d: Von Figur zu Figur wechselt nur je ein Element die Farbe; nur von c nach d sind es zwei Elemente. Also fällt d heraus.

16

b: Es gibt zwei Figurenpaare: a und d mit je vier Dreiecken und c und e mit zwei Dreiecken – alle geradzahlig. b mit drei Dreiecken steht daher isoliert für sich.

17

c: Schulden sind das Gegenteil von Kapital. Kapital ist mehr als nur Geld, und Schulden wiegen schwerer als nur kein Geld.

18

a: Gleichartige Elemente aus Spalte 1 und 2 an gleicher Position löschen einander aus. Da das Quadrat links unten leer ist, wird rechts nichts gelöscht.

19

8: Wie viele Strukturen überlagern sich? Beim Fragezeichen sind es vier Strukturen. Eine freiliegende Struktur erhält den Wert 2. Der Faktor ist also 2. Folglich ersetzt 4 × 2, also 8, das Fragezeichen.

20

e: Es geht hier nicht um Drehungen. Die Würfel der oberen Reihe entsprechen insofern einem normalen Spielwürfel, als sich gegenüberliegende Seiten immer auf 7 summieren. Wie die Punkte auf ihrer jeweiligen Seite angeordnet sind, das variiert hingegen. Da sich bei den Würfeln a bis d immer zwei benachbarte Seiten auf 7 summieren, kommen sie nicht in Frage.

21

90: Aus 90 muss 91 werden. Das Bauprinzip ist: »Verdopple die vorhergehende Zahl und ziehe im Wechsel 1 ab bzw. addiere 1.« Bei 45 und dem Nachfolger 90 ist die Regel durchbrochen: 91 wäre richtig gewesen. Der Nachfolger 181 bezieht sich wieder auf die eigentlich korrekte Zahl: (2 × 91) − 1.

22

b: a und e sind nicht möglich, da die rote und die grüne Fläche nie direkt benachbart sein können. Dazwischen ist immer entweder die blaue oder eine graue Fläche. c ist nicht möglich, da Blau immer an Grün und Rot grenzt, nie an zwei graue Flächen. d funktioniert nicht, da nur zwei weiße Flächen aneinandergrenzen können. In dieser Ansicht müsste die rechte Seite entweder rot oder grün sein. Bei drei grauen Flächen hintereinander wie in der Faltvorlage muss die dritte weiße Fläche der ersten gegenüber liegen, kann also nicht sichtbar sein.

23
e: Die Zahl der farbigen Kästchen nimmt in jeder Zeile von links nach rechts und in jeder Spalte von oben nach unten ab. In der ersten Zeile sind es 7, 6 und 5, in der zweiten 6, 5 und 4, folglich in der dritten 5, 4 und 3 farbige Kästchen – also e.

24
»PA«: Die Wörter lauten: Pater, Pasta, Pause, Parade, Papst, Paris und Panier.

25
a: Die Elemente der oberen Reihe werden an der horizontalen Achse nach unten gespiegelt, was die Orientierung der Dreiecke und des Sterns ändert. Die Elemente der unteren Reihe hingegen erscheinen um 180° gedreht und wandern nach oben.

26
23: Da der Körper geschlossen ist, hat er nur eine durchgehende Grundfläche. Der mittlere Quader hat 5 Flächen, der angefügte kleinere linke Quader hat 4 freie Flächen, der vordere Quader kragt rechts über und hat deshalb 5 Flächen. Der große Zylinder hat 2, und die jeweils abstehenden drei Zylinder zusammen 7 Flächen, denn einer davon ist halbiert. Das sind zusammen 23.

27
71: Die Differenz zwischen Innen- und Außenzahl eines Sektors ist gleich dieser Differenz im Sektor gegenüber: $22 - 11 = 20 - 9$; $17 - 81 = 15 - 79$ usw. Folglich $73 - 5 = 68$, also $71 - 3 = 68$.

28
1. a und b: Liter und Zentimeter sind Maßeinheiten.
2. a und c: »in« und »auf« sind Präpositionen, die in ihrer Grundbedeutung räumliche Beziehungen ausdrücken.
3. c und d: Pinguin und Strauß sind flugunfähige Vögel.
4. b und d: Erde und Jupiter sind Planeten.

29
d: Erkennbar an dem L-förmigen Haken, der nur in d nach rechts zeigt, ist d spiegelverkehrt, während sich alle anderen Figuren durch Drehung ineinander überführen lassen. Die Farben spielen keine Rolle.

30
b: Die Flaschen füllen sich von Zeile zu Zeile und von Spalte zu Spalte: Erst sind sie leer, dann ist eine, dann sind zwei gefüllt. Die Zahl der gefüllten Gläser bleibt jedoch gleich: Es sind jeweils vier pro Zeile. Zwei sind in der dritten Zeile gefüllt. Also fehlen – neben den beiden vollen Flaschen – noch zwei gefüllte Gläser: b.

31
»B«: Die Buchstaben stehen für ihre Position im Alphabet. Die Summe der Zahlen je Zeile ist gleich der der Buchstaben. So ergibt $G + B = 7 + 2 = 1 + 8$ etc. Also $1 + 4 = 5 - C = 2$. Die Spaltensummen haben keine Bedeutung.

32
1. e: Wie eine Hecke ein Grundstück einfriedet, so umgeben Wände ein Zimmer.
2. b: Kopf verhält sich zu Schädel wie Mund zu Gebiss.
3. a: Viel ist das Gegenteil von wenig, und unter das von über.
4. c: Butter ist eine Beigabe zum Brot wie die Soße zum Braten.

33
53: Jede Zelle hat eine »Adresse«, die sich aus den Koordinaten der vorhandenen Beispiele ergibt: Erste Zeile, zweites Quadrat: 12, zweite Zeile, viertes Quadrat: 24. Entsprechend gilt für die fünfte Zeile und das dritte Quadrat: 53.

34
c: Die Seitenteile mit dem schmalen Teilstück passen nur zu der Figur c.

35
d: Der blaue Dreiviertelkreis dreht sich im Uhrzeigersinn um je 45°; der gelbe Halbkreis um 180°; er tauscht also jeweils die Seiten. Der rote Viertelkreis dreht sich in 90°-Schritten gegen den Uhrzeigersinn.

36
1. d: Alle anderen Begriffe bezeichnen Gebäude oder Gebäudeteile. Das abstrakte Gebet fällt aus dem Rahmen.
2. b: Nur die Tomate wächst oberirdisch; alle anderen Feldfrüchte stecken ganz oder teilweise im Boden.
3. e: Die anderen Begriffe sind körpersprachlich neutral (Gebärde, Mimik, Gestik) oder positiv (Lächeln) besetzt; nur »Zittern« fällt hier heraus.

4. d: Cheddar ist ein englischer Käse; die anderen Produkte kommen aus Italien.

37
c: Außen herum: Im jeweils linken Teil der Dreiecke wird einfach von 1 bis 8 durchgezählt. Der Wert im rechten Teil ergibt sich, indem man zum jeweiligen Vorgänger 1, 2, 3 etc. addiert. Deshalb steht im ersten rechten Feld des unteren Dreiecks eine 5, im linken eine 11. Damit bleiben noch a und c möglich. Was passiert in den inneren Dreiecken? Die Zahlen ergeben sich durch Addition der jeweiligen Vorgänger: $1 + 1 = 2$, $1 + 2 = 3$, $2 + 3 = 5$, also passt nur c.

38
1. »ZIEL«: Fahrtziel/Zielscheibe
2. »MUT«: Kleinmut/Mutwille
3. »ZEICHEN«: Wasserzeichen/Zeichensprache
4. »FLUG«: Ausflug/Flugschreiber

39
d: Entscheidend sind wieder mögliche bzw. unmögliche Nachbarschaften. Der Kreis grenzt sicher an die Raute; a ist deshalb zunächst möglich. Doch in dieser Ansicht müsste das Dreieck mit seiner Basis und nicht mit der Spitze an die Raute anschließen. In der Ansicht b passen das Doppeloval und das Dreieck zwar zusammen, doch links müsste der Kreis erscheinen und kein Dreieck. Auch in c passen Raute und vorderes Dreieck zusammen, doch die Orientierung des Dreiecks links stimmt nicht, denn seine Spitze müsste nach hinten zeigen. Kreis und Doppeloval stehen in e richtig zueinander, doch links müsste statt der Raute ein Dreieck stehen. Bleibt also d.

40
e: Drei Dinge verändern sich in dieser Reihe: Erstens wird der Hintergrund immer heller, was a, b und d ausschließt. So bleiben nur c und e. Zweitens wächst die Zahl der Ecken der Figuren um je 1, also von 6 auf 7, was sowohl c als auch e erfüllt. Die dritte Änderung betrifft den Rand der Figur, der im Wechsel rot oder grün ist. Zuletzt war er grün, also ist nun Rot an der Reihe. e ist somit die Lösung. Die Farben der Innenflächen spielen keine Rolle.

41

e: Bei allen Zahlen beträgt die Quersumme 30; außer bei e mit Quersumme 33.

42

d: In der ersten Zeile drehen sich die Pfeile im Uhrzeigersinn in 45°-Schritten. Dabei wechselt die Farbe von Spitze und Pfeilende. In der zweiten Zeile bewegt sich der Pfeil gegen den Uhrzeigersinn. In der dritten Zeile dreht sich der Pfeil wieder im Uhrzeigersinn. Wegen des Farbwechsels von Spitze und Pfeilende kommt nur der um 45° nach rechts geneigte Pfeil mit der roten Spitze und dem grünen Ende in Frage.

43

b: Die obere Figur wird entlang der Kante, die die beiden Farben trennt, nach hinten gefaltet. Da die grün-gelbe Figur symmetrisch ist, kommen beide Teile zur Deckung, und von Grün ist nichts mehr zu sehen. Dieselbe Faltung nach hinten ergibt aber bei der rechten Figur ein anderes Bild: Da sie asymmetrisch geteilt ist, stehen die Ecken der blauen Fläche unten und rechts über – also wie in b.

44

b: Der Gegensatz von Theorie ist Praxis, und da der Satz sinngemäß aussagt, dass die Theorie »grau« sei, also über die Worte, wie sie zum Beispiel gedruckt auf Papier erscheinen, nicht hinausgeht, folgt daraus, dass die Tat höher einzuschätzen sei. Der Satz geht zurück auf Goethe (Faust I, 2038 f.).

45

b: »enorm« bedeutet wörtlich »über die Norm hinausgehend«. Deshalb passt als Gegenteil das Wort »durchschnittlich«, das den Normalfall bezeichnet.

46

72: Das Bildungsprinzip ist
$(5 \times 4) \times (6 \div 3) = 20 \times 2 = 40$,
$(2 \times 7) \times (8 \div 2) = 14 \times 4 = 56$; also
$(3 \times 8) \times (6 \div 2) = 24 \times 3 = 72$.

47

a: Die Maus wird um 90° nach links gedreht und dann um die horizontale Achse gespiegelt. So wird auch die Hand um 90° gedreht und dann nach oben gespiegelt. Letzterer Schritt fehlt bei b.

48

a: Sie brauchen sich nur die drei Motive anzusehen, die bei a direkt benachbart sind; zusammengeklappt ergeben sie den gesuchten Würfel. Bei b, c und e passen die Seite mit dem grünen Schrägstrich und die mit dem T-förmigen Gebilde nicht so zusammen wie gefordert. In d sind die beiden mittleren Quadrate vertauscht und gespiegelt.

49

c: Die Stäbchen drehen sich im Uhrzeigersinn um je 45°, und immer kommt ein Stäbchen in neuer Farbe links dazu. Es sind also am Ende 5 Stäbchen, und das rote Stäbchen zeigt nun auf 9 Uhr.

50

»BUNG«: Die Wörter lauten Werbung, Übung, Färbung, Grabung, Schreibung, Erhebung, Wölbung, Schiebung.

51

b: Die Längsachsen der elliptischen Aufbauten sind deckungsgleich, was e ausschließt. Bei e fehlt der Rücksprung der ersten Stufe. Diese ist etwas höher als die zweite, und das dritte Oval ist viel höher; nicht so bei a und c.

52

171: Die Ziffernfolge zwischen den Sektoren im Innen- und Außenkreis wird jeweils umgedreht: Aus 51 wird 15, aus 124 die Zahl 421 usw. Da 171 symmetrisch ist, ändert sich der Zahlenwert bei dieser Transformation nicht.

53

c: Hier geht es nicht um die jeweils unterschiedliche Bewegung der einzelnen Zeiger, sondern um die Summe der Zahlenwerte, auf die die beiden Zeiger zeigen. Stets kommt dabei 12 heraus: $10 + 2$, $7 + 5$, $11 + 1$ usw. Nur c hat eine passende Zeigerstellung: $9 + 3$.

54

e: Die Figuren a bis d können durch Drehung ineinander überführt werden, nicht aber e, das gespiegelt ist.

55

1. b: »Eber« liest sich rückwärts »Rebe«; so wird aus »ein« das Wort »nie«. Man nennt solche Zeichenketten Palindrome. Das Wort aus dem Griechischen bedeutet »rückwärts laufend«.

2. a: Tiefere Bedeutungszusammenhänge spielen hier keine Rolle. »Affe« hat vier Buchstaben und fängt mit »A« an; »Alster« hat sechs Buchstaben. Da »Baum« auch vier Buchstaben hat, ist ein Wort mit sechs Buchstaben gesucht, das ebenfalls mit »B« anfängt – und da ist nur die »Banane« im Angebot.

3. a: Ein Kristall ist der kleinste Baustein von Schnee, der bereits eine Struktur aufweist; analog verhält es sich mit dem Wort zum Text.

4. b: Auch hier geht es nicht um Bedeutungen, sondern um verschiedene Wörter, die dieselben Buchstaben aufweisen – nur eben vertauscht. »Achse« passt deshalb zu »Sache«.

56

c: Die Quersumme aller Zahlen in der Ellipse beträgt 8. Nur 44 erfüllt diese Bedingung.

57

1: b, c, e. 2: a, d. Kriterium ist nur die Anzahl der Elemente, also fünf in Gruppe 1 und sechs in der Gruppe 2.

58

e: Der Spruch besagt, dass man sich nicht anmaßen sollte, etwas zu tun oder zu können, was man nicht gelernt hat oder wovon man nichts versteht. Der Leisten ist übrigens das Formstück aus Holz oder Metall, um das herum ein Schuster einen Schuh zusammenfügt.

59

c: Die Teile a, b, d und e fügen sich zum Quadrat zusammen – c bleibt übrig.

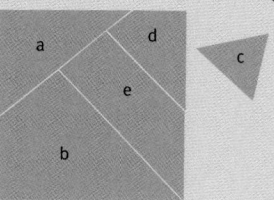

60

182: Bildungsprinzip ist $2 + 3 + 7 = 12$, $12 + 7 + 11 = 30$, $30 + 11 + 15 = 56$, $56 + 15 + 19 = 90$; daraus ergibt sich $132 + 23 + 27 = 182$.
Ein zweiter Lösungsweg:
$1 \times 2 = 2$; $3 \times 4 = 12$; $5 \times 6 = 30$; $7 \times 8 = 56$; $9 \times 10 = 90$; $11 \times 12 = 132$; $13 \times 14 = 182$ und $15 \times 16 = 240$.

61

e: Beachten Sie nur die Felder mit den Ziffern 1, 2 und 3 und überlegen Sie, wie sie beim Falten zusammenkommen. Hier sollen Sie herausfinden, welche Faltvorlage nicht funktioniert. Am einfachsten sind die Optionen, bei denen diese Ziffern eng benachbart sind, also c, d und e. c und d funktionieren, denn die Ziffern stehen richtig zueinander. Bei e hingegen steht die 2 rechts von der 1, und nicht die 3. Das schließt e aus.

62

1. »DEN«: Faden/Denken
2. »SCHE«: Nische/Schenkel
3. »PF«: Stumpf/Pfanne
4. »DE«: Seide/Demut

63

1. 13112221: Das Bildungsprizip ist eher »unmathematisch«. Man zählt jeweils die Ziffern der vorhergehenden Zahl ab und umschreibt das Resultat folgendermaßen in Zahlen: eins (=1), eine Eins (=11), zwei Einser (=21), eine Zwei, eine Eins (=1211), eine Eins, eine Zwei, zwei Einser (=111221), drei Einser, zwei Zweier, eine Eins (=312211), es folgt daher: eine Drei, eine Eins, zwei Zweier, zwei Einser (=13112221).
2. Lösung ist 7. Das Bildungsprinzip ist: +2, -3, -4, +5, -6, -7, +8; also -1 + 8 = 7.
3. Lösung ist 26. Das Bildungsprinzip ist: -4 und +9 im Wechsel. Also: 30 − 4 = 26.

64

c: Die Gesamtzahl der Elemente in den großen Quadraten bleibt gleich, aber die kleinen Quadrate darin werden Stück für Stück zu Kreisen. Lösung ist also c. Die Farben spielen keine Rolle.

65

d: In den Verschiebungen der Farben liegt System: Orange – 1 links, 2 rechts; Gelb – 1 links, 1 rechts; Blau – 2 rechts, 1 links. Das ergibt in der Folge: Orange wieder 1 links, Gelb 1 links, Blau 2 rechts und Rot 1 links. Die Lösung ist also d.

66

1200: Dies verlangt keine großartige Rechenkunst, sondern nur guten Überblick und etwas Konzentration. Je zwei aufeinander folgende Zahlen ergeben 10. 20 Zahlen hat jede Reihe, sodass sich jede Reihe auf 100 summiert. 12 Reihen sind es insgesamt. Das ergibt also 12 × 100 = 1200.

67

1. b und d: Vorlesung und Präsentation unter dem Oberbegriff »Vortrag«.
2. c und e: Schwimmen und Tauchen unter dem Oberbegriff »Wassersport«.
3. a und b: Griechenland und Italien sind »Mittelmeerländer« oder -anrainer.
4. a und c: Messer und Pistole unter dem Oberbegriff »Waffe«.

68

d: a fällt aus, weil die Kreise und die Dreiecke falsch zueinander stehen; die Kreise müssten z. B. um 180° gedreht sein. Wenn wie in b die beiden Seiten mit den Streifen zu sehen sind, muss auf der oberen Seite das einzelne Dreieck nach links zeigen. In c müsste links der einzelne Punkt unten stehen, oder es müssten vertikale Streifen erscheinen. In e würden vorn die Dreiecke erscheinen. Bleibt also d.

69

d: Stellen Sie sich die Kreise als Löcher einer Wählscheibe vor. Darunter liegt eine weitere Scheibe, die in vier farbige 90°-Sektoren eingeteilt ist: Rechts oben und links unten sind die Kreisviertel blau, links oben und rechts unten rot. Die vordere Scheibe bewegt sich immer um eine Lochposition oder 45° gegen die Uhrzeigersinn weiter. Durch die Löcher sieht man die Kreissektoren. Auf den Positionen 3, 6, 9 und 12 Uhr befindet sich ein Loch an der Grenze zweier Farbsektoren, weshalb beide Farben zu sehen sind. Bei 6 und 12 verläuft die Trennlinie senkrecht, bei 3 und 9 waagerecht durch die Löcher.

70

»TRE« ergibt: Tresen, Treibgut, Treter, Treffen, Tresor, treu, Trend, Treppe.

71

6: Die Summe der Außenzahlen in jedem Dreieck ist immer doppelt so groß wie die Innenzahl im gegenüberliegenden: 4 + 6 = 10 ergibt 10 ÷ 2 = 5 usw. Daraus folgt für die Position des Fragezeichens 7 + 5 = 12, also 12 : 2 = 6.

72

c: Die beiden seitlichen Elemente sind achsengespiegelt, das obere und untere Element punktgespiegelt oder, was gleichbedeutend ist, um 180° gedreht.

73

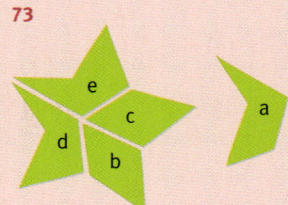

74

c: Auf roten Felder wechseln die Zahlen ihr Vorzeichen: -6 + 4 = -2, -2 + (−3) = 1, -1 + 10 = 9 und 9 − 11 = -2. Die Zahl -2 kommt in den Lösungen nur bei c vor.

75

b: Die Figuren drehen sich jeweils um 45° im Uhrzeigersinn. Wenn das Quadrat auf einer Spitze steht, klappt der blaue Wimpel nach oben, sonst nach unten.

76

1 a: Etwas Absurdes ist widersinnig.
2 d: Wer bei einer Aufgabe versagt, der ist an ihr gescheitert.
3 c: Etwas Provisorisches ist nicht endgültig und daher vorläufig.
4 b: Wenn etwas standfest ist, fällt es nicht so leicht um und kann auch stabil genannt werden

77

c: Die orangefarbigen Kreise stehen für eine 2, die grünen für eine 1. Wenn man diese Zahlen einsetzt, ergibt sich für jede Zeile und jede Spalte sowie die beiden Diagonalen dieselbe Summe: 15. Es handelt sich also um ein magisches Quadrat.

78

1. a: Die Möwe ist der einzige Vogel.
2. b: schön lässt sich als einzige Eigenschaft nicht mit dem Tastsinn fühlen.
3. e: Laut. Alle anderen Begriffe sind rein musikalische Fachbegriffe.
4. d: Der Knecht ist keine Schachfigur.

79

d: Die Reihe zeigt nur funktionierende Faltvorlagen für Würfel; nur d passt also dazu. Alle anderen könnte man nicht zu Würfeln falten.

80

a: Man beachte, dass der dunkelblaue Zylinder aus dem Zentrum gerückt ist und die Scheibe darunter die gleiche Tiefe wie der Quader aufweist.

Nr.	Einfache Aufgaben Ihre Lösungen					Punkte maximal	Sprache	Logik	Zahlen	Visuell
01	1.	2.	3.	4.	(je 0,5 Punkte)	2				
02						1,5				
03						1,5				
04	1.	2.	3.	4.	(je 1 Punkt)	4				
05						1,5				
06	1.	2.	3.	4.	(je 0,5 Punkte)	2				
07	1.	2.	3.	4.	(je 0,5 Punkte)	2				
08						1,5				
09						1,5				
10						1				
11						1				
12						1,5				
13						1,5				
14	1.	2.	3.	4.	(je 0,5 Punkte)	2				
15						1				
16						1,5				
17						1				
18						1,5				
19	1.	2.	3.	4.	(je 0,5 Punkte)	2				
20						1,5				
21						1				
22						1,5				
23						1,5				
24						1				
25						1,5				
26						1				
27						1,5				
28	1.	2.	3.	4.	(je 0,5 Punkte)	2				
29						1,5				
30						1,5				
31						1				
32						1,5				
33						1,5				
34						1,5				
35						1,5				
36						1				
37						1,5				
38						1				
39						1,5				
40						1				
Summe der erreichbaren Punktezahlen						60	15	15	15	15
Ihre Punktezahlen										

Nr.	**Mittelschwere bis schwere Aufgaben** Ihre Lösungen	Punkte maximal	Sprache	Logik	Zahlen	Visuell
01		1,5				
02	1. 2. 3. 4. (je 1 Punkt)	4				
03	1. 2. 3. 4. (je 0,5 Punkte)	2				
04		1,5				
05		1,5				
06		1,5				
07		1				
08	1. 2. 3. 4. (je 0,5 Punkte)	2				
09		1,5				
10	1. 2. 3. 4. (je 0,5 Punkte)	2				
11		1,5				
12		1				
13		1				
14		0,5				
15		1,5				
16		1,5				
17		1				
18		1,5				
19		1,5				
20		0,5				
21		1,5				
22		1				
23	1. 2. 3. 4. (je 0,5 Punkte)	2				
24		1				
25		1				
26		1,5				
27		1,5				
28		0,5				
29		1				
30	1. 2. 3. 4. (je 0,5 Punkte)	2				
31		1,5				
32		1				
33	1. 2. 3. 4. (je 1 Punkt)	4				
34		1,5				
35		1				
36	1. 2. 3. 4. (je 0,5 Punkte)	2				
37		1				
38	1. 2. 3. 4. (je 0,5 Punkte)	2				
39		1,5				
40		1,5				
Summe der erreichbaren Punktezahlen		60	15,5	14	16	14,5
Ihre Punktezahlen						

Nr.	Der große Schlusstest Ihre Lösungen	Punkte maximal	Sprache	Logik	Zahlen	Visuell
01		1,5				
02	1.　　　2.　　　3.　　　4.　　　(je 0,5 Punkte)	2				
03		1,5				
04		1,5				
05		1,5				
06		1,5				
07		1,5				
08	1.　　　2.　　　3.　　　(je 0,5 Punkte)	1,5				
09		1,5				
10		1,5				
11		1,5				
12		0,5				
13		1				
14		1,5				
15		1,5				
16		1,5				
17		1				
18		1,5				
19		1,5				
20		1,5				
21		1,5				
22		1,5				
23		1,5				
24		1				
25		1,5				
26		1,5				
27		1,5				
28	1.　　　2.　　　3.　　　4.　　　(je 0,5 Punkte)	2				
29		1,5				
30		1,5				
31		1,5				
32	1.　　　2.　　　3.　　　4.　　　(je 0,5 Punkte)	2				
33		1,5				
34		1,5				
35		1,5				
36	1.　　　2.　　　3.　　　4.　　　(je 0,5 Punkte)	2				
37		1,5				
38	1.　　　2.　　　3.　　　4.　　　(je 0,5 Punkte)	2				
39		1,5				
40		1,5				
Ihre Punktezahl für die Aufgaben 1–40 (Übertrag)						

Nr.	Ihre Lösungen	Punkte maximal	S	L	Z	V
41		1,5				
42		1,5				
43		1,5				
44		0,5				
45		0,5				
46		1,5				
47		1,5				
48		1,5				
49		1,5				
50		1				
51		1,5				
52		1				
53		1,5				
54		1,5				
55	1. 2. 3. 4. (je 0,5 Punkte)	2				
56		1,5				
57		1,5				
58		1				
59		1,5				
60		1,5				
61		1,5				
62	1. 2. 3. 4. (je 0,5 Punkte)	2				
63	1. 2. 3. (je 1 Punkt)	3				
64		1,5				
65		1,5				
66		1,5				
67	1. 2. 3. 4. (je 0,5 Punkte)	2				
68		1,5				
69		1,5				
70		1				
71		1,5				
72		1,5				
73		1,5				
74		1,5				
75		1,5				
76	1. 2. 3. 4. (je 0,5 Punkte)	2				
77		1,5				
78	1. 2. 3. 4. (je 0,5 Punkte)	2				
79		1,5				
80		1,5				
Summe der erreichbaren Punktezahlen		120	29	30	31	30
Ihre Punktezahl für die Aufgaben 41–80						
Übertrag von den Aufgaben 1–40						
Ihre Gesamtpunktezahl						

Auswertung des Schlusstests

Sie finden die Lösungen der Aufgaben in einer Übersicht auf Seite 158 und im Detail erläutert auf den Seiten 148 bis 151. Wenn Sie den Schlusstest mit Zeitvorgabe gemacht haben, sind die folgenden Bewertungen Ihrer Punktezahl sinnvoll. Es sollte ja das Lösen von Aufgaben unter Zeitdruck getestet werden. Beachten Sie aber, dass diese Werte keineswegs direkt mit Ihrem IQ vergleichbar sind. Deshalb kann sowohl ein bescheidener als auch ein überragender Wert in diesem Test nur eine grobe Einschätzung liefern. Sie sollten sich daher weder zu sehr entmutigt noch übertrieben bestätigt fühlen.

Wie in der Einleitung erwähnt, muss ein Test eine Reihe von standardisierten Bedingungen erfüllen, damit er aussagekräftig ist. Das kann ein Test, den Sie zu Hause durchführen, kaum gewährleisten. Was Sie jedoch sehen können, sind Ihre individuellen Stärken und Schwächen. So wird es Ihnen möglich, an Ihren eventuellen Defiziten gezielt zu arbeiten. Zuerst könnten Sie sich in einem weiteren Durchgang so viel Zeit zu nehmen, wie Sie wollen, und sich dabei den eventuell übersprungenen Aufgaben zu widmen.

Hinweise zur Berechnung: Im gedruckten Test im Buch ist die Anzahl der Aufgaben nicht für alle Bereiche einheitlich. Deshalb erfolgt für die Berechnung eine Gewichtung, damit die Ergebnisse vergleichbar werden. Da die sprachlichen Aufgaben oft in bis zu vier Teilaufgaben unterteilt sind, zählen sie nur halb. Die anderen Aufgaben zählen meist mit dem Punktwert 1,5. So ergeben sich zwischen 29 und 31 erreichbare Punkte pro Aufgabengebiet. Diese Summen stehen unter der Tabelle auf Seite 155 unten.

Auch in den Tabellen für die Übungskapitel stehen die erzielbaren Punktezahlen. Da es dort aber kein Zeitlimit für den gesamten Test gibt, sondern nur großzügig bemessene Maximalzeiten für die einzelnen Aufgaben, sind diese Werte nur Anhaltspunkte und mit den Ergebnissen im Schlusstest nicht vergleichbar.

20–40 Punkte: Kann es sein, dass Sie in einige Aufgaben so vertieft waren, dass Sie die Zeit aus den Augen verloren haben? Oder war Ihre Trefferquote in einem bestimmten Aufgabengebiet auffallend hoch, weil es Ihnen mehr liegt? Haben Sie eventuell vor allem diese Aufgaben ausgewählt und andere eher übersprungen? Lagen Sie in einem anderen Bereich besonders häufig daneben? Wie Ihr Profil in den verschiedenen Bereichen aussieht, können Sie leicht sehen, wenn Sie Ihre Ergebnisse in eine Kopie der Tabelle auf den Seiten 154 und 155 eingetragen haben. Sollten Sie keine großen Unterschiede feststellen, lohnt es sich, die Übungsaufgaben nochmals genauer anzusehen. Scheuen Sie sich nicht, die Lösungen nachzulesen. Nehmen Sie das Ergebnis als Hinweis darauf, welche Fertigkeiten Sie gezielt weiter üben sollten.

41–60 Punkte: Ihr Ergebnis liegt im soliden Mittelfeld. Wenn Sie Ihre Ergebnisse in die Tabellen von Seite 154–155 eingetragen haben, sehen Sie, wo Sie Ihre Stärken und Schwächen haben. Sehen Sie sich Ihr Profil genauer an. Gibt es große Unterschiede zwischen den Bereichen? Nehmen Sie das Ergebnis als Empfehlung, was Sie gezielt üben sollten, um weitere Punkte herauszuholen.

61–80 Punkte: Sie liegen auf einem sehr guten Niveau. Offensichtlich sind Ihnen viele Aufgaben leichtgefallen. Ihr Profil hat eine gewisse Breite, aber Sie werden möglicherweise noch eine schwache Seite bei sich erkennen können. Sind es die Zahlen, bei denen Sie besonders viele Treffer verzeichnen konnten oder waren es die sprachlichen Aufgaben, die sich Ihnen rasch erschlossen haben? Analysieren Sie, welche Gebiete noch Verbesserungspotenzial haben und gehen Sie sie gezielt an.

81–100 Punkte: Eine großartige Leistung! Wenn Sie in der vorgegebenen Zeit so viele Punkte erzielt haben, gehören Sie bereits zur Spitzengruppe. Ihr Profil dürfte recht ausgeglichen sein, aber kleinere Einbuchtungen zeigen Ihnen vielleicht, wo selbst Sie noch Wachstumsmöglichkeiten haben.

101–120 Punkte: Gratulation! Wer so viele Punkte sammeln kann, gehört zur absoluten Spitzengruppe. Ihr Profil ist sehr ausgeglichen, und Sie werden sicher mit den meisten Tests keinerlei Schwierigkeiten haben. Sollten Sie alle Aufgaben in der vorgegebenen Zeit mühelos gelöst haben, sind Sie möglicherweise reif für MENSA, den Club der IQ-Champions. Sie haben gute Chancen, in diesen Kreis aufgenommen zu werden. Genaueres erfahren Sie unter www.mensa.de.

➜ ERGEBNISGEWICHTUNG NACH LEBENSALTER

In der Einleitung wurde darauf hingewiesen, dass die Auswertung professioneller Tests das Alter der Testperson berücksichtigt. Der Hintergrund ist, dass statistisch gesehen die fluide Intelligenz im Alter etwas zurückgeht, der IQ-Wert aber stets im Verhältnis zur Altersgruppe gemittelt wird: Das hat zur Folge, dass dasselbe Punktergebnis bei einem 15-Jährigen einen geringeren IQ-Wert ergibt als bei einem 57-Jährigen. Die Unterschiede sind bei IQ-Werten unter 100 dramatischer (bis zu 20 Punkte oder 30 Prozent) als im Bereich über 120, wo für dasselbe Testergebnis ein zwischen 17 und 4 Prozent höherer IQ-Wert angesetzt wird – Letzteres bei einem sehr hohen IQ von 160. Das lässt sich auf unseren Test übertragen: Wenn Sie über 30 sind und bei unserem Test genauso viele Punkte erreicht haben wie eine Testperson zwischen 15 und 19, dann sind Ihre Punkte deutlich »mehr wert« als die des jüngeren Probanden.

Lösungsübersicht

Einfache Aufgaben

01 1. a, 2. c, 3. e, 4. d
02 c
03 b
04 1. 8, 2. 13, 3. 49, 4. 11
05 49
06 1. Maus
    2. Igel
    3. Affe
    4. Wurm
07 1. b, 2. d, 3. a, 4. d
08 b
09 e
10 c
11 16
12 a
13 d
14 1. d, 2. c, 3. e, 4. d
15 c
16 a
17 7
18 c
19 1. d, 2. e, 3. d, 4. a
20 13
21 2
22 d
23 d
24 Dreieck = G
    Quadrat = T
    Raute = E
25 a
26 e
27 e
28 1. b, 2. d, 3. e, 4. a
29 b
30 b
31 c
32 c
33 d
34 c
35 e
36 AM
37 e
38 BO
39 b
40 10

Mittelschwere bis schwere Aufgaben

01 d
02 1. 12, 2. 720, 3. 36, 4. 38
03 1. Metalle (a, c)
    2. romanische Sprachen (c, e)
    3. Säugetiere (a, b)
    4. Naturwissenschaften (a, d)
04 e
05 b
06 e
07 c
08 1. d, 2. c, 3. a, 4. a
09 c
10 1. BRUCH
    2. ZEIT
    3. BAU
    4. LUFT
11 d
12 9
13 9
14 reich
15 d
16 c
17 7
18 a
19 a
20 b
21 b
22 d
23 1. e, 2. e, 3. a, 4. c
24 19
25 a
26 d
27 b
28 a
29 d
30 1. c, 2. a, 3. b, 4. c
31 c
32 c
33 1. 3, 2. 1, 3. 72, 4. 187
34 a-d-g-h-f-b-e-c
35 c
36 1. b, 2. e, 3. d, 4. b
37 b
38 1. Kalender (a, c)
    2. Auszeichnung (b, c)
    3. Haustier (a, e)
    4. Gericht (c, e)
39 d
40 e

Der große Schlusstest

01 a
02 1. GELD
    2. WERK
    3. PAAR
    4. KOST
03 b
04 b
05 c
06 e
07 b
08 1. d, 2. d, 3. b
09 e
10 d
11 e
12 b
13 d
14 d
15 d
16 b
17 c
18 a
19 8
20 e
21 90
22 b
23 e
24 PA
25 a
26 23
27 71
28 1. Maßeinheit (a, b)
    2. räumliche Präpositionen (a, c)
    3. flugunfähige Vögel (c, d)
    4. Planeten (b, d)
29 d
30 b
31 B
32 1. e, 2. b, 3. a, 4. c
33 53
34 c
35 d
36 1. d, 2. b, 3. e, 4. d
37 c
38 1. ZIEL
    2. MUT
    3. ZEICHEN
    4. FLUG
39 d
40 e

41 e
42 d
43 b
44 b
45 b
46 72
47 a
48 a
49 c
50 BUNG
51 b
52 171
53 c
54 e
55 1. b, 2. a, 3. a, 4. b
56 c
57 1: b, c, e
    2: a, d
58 e
59 c
60 182
61 e
62 1. DEN
    2. SCHE
    3. PF
    4. DE
63 1. 13112221
    2. 7
    3. 26
64 c
65 d
66 1200
67 1. Vortrag (b, d)
    2. Wassersport (c, e)
    3. Mittelmeerländer (a, b)
    4. Waffe (a, c)
68 d
69 d
70 TRE
71 6
72 c
73 a
74 c
75 b
76 1. b, 2. d, 3. c, 4. b
77 c
78 1. a, 2. b, 3. e, 4. d
79 d
80 a

Bücher, die weiterhelfen

Die psychologische Literatur zum Thema »Intelligenz« ist sehr unübersichtlich und in der Regel für Fachleute geschrieben. Deshalb eignet sie sich weniger für das breite Publikum. Unter dem Stichwort »IQ-Trainer« gibt es zahlreiche Bücher, die für Laien gedacht sind. Die oft sehr blumigen Versprechen dieser Werke sollte man allerdings nicht für bare Münze nehmen. Soweit die Testergebnisse angeblich einen exakten IQ-Wert darstellen, sind sie mit Vorsicht zu genießen. Seriöse Autoren werden hier immer Vorbehalte geltend machen. Um mit Aufgaben zu trainieren, sind diese Bücher jedoch meistens geeignet. Hier sind einige Werke aufgeführt, die vertiefen, weiterführen und zugleich gut lesbar sind. Vollständigkeit ist nicht angestrebt.

De Bono, Edward: *De Bonos neue Denkschule. Kreativer Denken. Effektiver arbeiten. Mehr erreichen.* MVG, München
Wer mehr zum Thema Kreativität und Denken erfahren möchte, der sei auf Edward de Bono verwiesen. De Bono hat schon immer die Meinung vertreten, dass Denken trainiert werden kann wie jede andere Fähigkeit auch. Er hat die verschiedenen Facetten von Kreativität und Denken in zahlreichen Büchern dargelegt.

Eysenck, Hans Jürgen: *Intelligenz-Test.* rororo-Taschenbuch, Reinbek bei Hamburg
Ein Klassiker von einem Anhänger der Vererbungslehre, an dem man bis heute nicht vorbeikommt. Die deutsche Ausgabe ist seit 1972 ein Longseller. Die Tests beruhen manchmal auf bildungsbürgerlichen Inhalten, und die ermittelten IQ-Werte sind sicher nach heutigen Maßstäben nicht verlässlich. Die Aufgaben in den Tests sind allerdings sehr vielseitig, und allein deshalb lohnt sich das Buch trotzdem. Die auf Strichfiguren reduzierte Art der Illustration wurde Gestaltungsvorbild für viele der heute üblichen Testaufgaben.

Gladwell, Malcolm: *Überflieger. Warum manche Menschen erfolgreich sind – und andere nicht.* Campus-Verlag, Frankfurt
Der Zusammenhang von Intelligenz und Lebenserfolg wird in diesem Bestseller an vielen Beispielen dargelegt mit dem Fazit, dass Intelligenz wichtig ist, aber keinesfalls den Lebens- oder Berufserfolg garantiert. Eine kurzweilige und sehr erhellende Lektüre!

Kolb, Klaus; Miltner, Frank: *Gedächtnis-Training.* GRÄFE UND UNZER VERLAG, München
Geisselhart, Oliver: *Notizbuch im Kopf.* GRÄFE UND UNZER VERLAG, München
Was nutzt ein noch so bewegliches Denken, wenn uns das Gedächtnis im Stich lässt? Trainingsbücher helfen auch hier.

Pöppel, Ernst; Wagner, Beatrice: *Je älter desto besser. Überraschende Erkenntnisse aus der Hirnforschung.* GRÄFE UND UNZER VERLAG, München
Wer sich über neue Erkenntnisse zum Thema Hirnleistung und Alter informieren möchte, dem sei das neue Buch des Hirnforschers Professor Ernst Pöppel und der Medizinjournalistin Beatrice Wagner empfohlen.

Preckel, Franzis; Brüll, Matthias: *Intelligenztests.* UTB (Ernst Reinhardt Verlag), München/Basel
Kurze, fachlich orientierte und trotzdem gut lesbare Übersichtsdarstellung, keine Aufgabensammlung!

Reichel, Wolfgang: *Testtrainer IQ-Tests.* Mosaik bei Goldmann, München
Reichel, Wolfgang: *Der große Intelligenztest.* Klett-Cotta, Stuttgart
Simon, Martin: *Der große IQ-Trainer.* Francis-Verlag, Poing
Dies ist nur eine kleine Auswahl. Es sind sehr viele Bücher dieser Art auf dem Markt. Die drei vorgestellten Titel sind in der Hauptsache Aufgabensammlungen, mit denen Sie Ihre erworbenen Fähigkeiten vertiefen können. Im zweiten Buch von Reichel wird zusätzlich die »emotionale Intelligenz« getestet, deren Existenz in der Fachwelt allerdings umstritten ist.

Links, die weiterhelfen

http://www.apn.psy.unibe.ch/content/application/braintwister/orders/index_ger.html
Die Software, die im Team um den Berner Forscher Professor Walter Perrig zur Verbesserung der »fluiden Intelligenz« entwickelt wurde, ist per Download zum Preis von 40,– Euro für Interessenten verfügbar.

http://www.mensa.de/
Auf dieser Seite des Vereins der Hochbegabten finden Sie einen Online-Test. Sie können sich aber auch zu einem IQ-Test anmelden, der in verschiedenen Städten abgelegt werden kann. Er kostet 49,– Euro und dauert 90 Minuten. Sie können auch einen Gutschein für einen solchen Test erwerben – und jemanden damit beschenken. Der Club ist weltweit aktiv und hat in Deutschland etwa 9000 Mitglieder.

Ein Hinweis: Viele Tages- und Wochenzeitungen bringen in ihren Online-Portalen immer wieder auch IQ-Testaufgaben.

Impressum

© 2011 GRÄFE UND UNZER VERLAG GMBH, München.
Alle Rechte vorbehalten. Nachdruck, auch auszugsweise, sowie Verbreitung durch Film, Funk, Fernsehen und Internet, durch fotomechanische Wiedergabe, Tonträger und Datenverarbeitungssysteme jeglicher Art nur mit schriftlicher Genehmigung des Verlags.

Projektleitung:
Nikola Hirmer, Luise Heine

Lektorat:
Martin Knipping

Illustrationen:
Christian Weiß

Cover:
Fotosearch

Innenlayout, Typografie und Umschlaggestaltung:
independent Medien-Design, Horst Moser, München

Herstellung:
Claudia Labahn

Satz:
Knipping Werbung GmbH, Berg am Starnberger See

Bildnachweis: Caro: S. 96; Corbis: S. 6, S. 62; Focus: S. 4; Getty: S. 11, S. 30, S. 142; Helga Lade Fotoagentur: S. 15; Science Museum: S. 24; Thomas Frister: S. 18

CD-ROM
Konzeption: Gräfe und Unzer Verlag GmbH, Nikola Hirmer, Luise Heine
Projektentwicklung und Umsetzung: Martin Heise
Produktion: Dicentia Germany GmbH, München
Adobe® AIR®:
Adobe Systems Incorporated

Syndication:
www.jalag-syndication.de

Reproduktion:
Wahl Media GmbH, München

Druck und Bindung:
Druckhaus Kaufmann, Lahr

ISBN 978-3-8338-2136-3
1. Auflage 2011

Die GU-Homepage finden Sie unter **www.gu.de**

Umwelthinweis: Dieses Buch wurde auf chlorfrei gebleichtem Papier gedruckt. Um Rohstoffe zu sparen, haben wir auf Folienverpackung verzichtet.

GRÄFE UND UNZER

Ein Unternehmen der
GANSKE VERLAGSGRUPPE